AF450942

La persona en contexto

El arte de la brevilocuencia

hápax

Ficha bibliográfica

Martínez Martínez, Juan Pablo

La persona en contexto
El arte de la brevilocuencia

1a. edición, 2023

Versión impresa ISBN: 978-607-59880-4-7
Versión digital ISBN: 978-607-59880-6-1

Editorial Notas Universitarias, S. A. de C. V.

Impreso en la Ciudad de México, diciembre de 2023
Formato: 15 × 21 cm

162 pp.

Editorial NUN
es una marca de Editorial Notas Universitarias, S. A. de C. V.
Xocotla 17, Tlalpan Centro, alcaldía Tlalpan,
C. P. 14000, Ciudad de México

www.editorialnun.com.mx
contacto@editorialnotasuniversitarias.com.mx

Dirección editorial : Miryam D. Meza Robles
Cuidado de la edición: Felipe G. Sierra Beamonte
Corrección de estilo: Casandra D. Álvarez García
Maquetación: Lumbral Studio
Diseño digital: Alejandro Ramírez Monroy

Impreso en México

La persona en contexto

El arte de la brevilocuencia

por

Juan Pablo Martínez Martínez
(Editor)

hápax · Centro *de* Investigación *en* Humanidades

Contenido

Introducción

La presente obra pretende ofrecer una panorámica contemporánea de lo que significa ser persona hoy a través de los diversos contextos que afectan su dimensión manifestativa. Constituye una tesis propia de este autor el hecho de que no se puede hablar debidamente de la densidad ni del carácter misterioso de la realidad personal humana sin atender aquellas problemáticas acuciantes que atañen, e incluso determinan en algunos casos, el despliegue de su esencia.

Ahora bien, abordar esas problemáticas requiere de un particular espíritu de finura, ajeno a todo espíritu geométrico. La máxima expresión de ese espíritu es el mantenimiento en la pregunta, más que la cerrazón de la respuesta en su carácter prolijo. A través de la formulación irreverente e inoportuna de la pregunta, este pobre escritor ha pretendido no encerrar los problemas de cada persona en la peculiaridad y recorte de lo real al que proceden nuestras disquisiciones conceptuales, con las que aparentemente conseguimos hacernos con lo que hay. A este respecto, dejo esta indicación o aviso para el querido lector de estas páginas: resulta enormemente fácil y tentador encerrarse en la dimensión problemática de la existencia, e incluso vivir de su resolución, ya sea teórica o práctica, forjándose uno la ilusión de que el propio ser constituye una obra propia al servicio, al fin y al cabo, de un desenfrenado *conatus essendi*. En este sentido, la adicción a la problematicidad acaba degenerando en un ejercicio autorreferencial de la propia esencia humana. ¿No aparece éste reflejado en muchos de los enfoques disciplinares que nos circundan por doquier?

Con el fin de sortear esta tentación, que todos sentimos al contemplar a la persona en sus diversos ámbitos de acción, el lector encontrará en el presente libro una recopilación de catorce entrevistas a personalidades relevantes y académicos destacados, cuya realización no responde, en ningún caso, a un intento de sistematizar y jerarquizar los diversos problemas que afectan a la vida humana. El motivo de esta falta de sistematicidad es que el autor considera que todos los problemas afectan de igual manera y de una forma *quasi* indiscriminada la realidad de la persona humana. Por otra parte, todos se hallan íntimamente relacionados y aparecen mutuamente co-implicados en muchas de las temáticas que tratan o que pretenden solucionar. Es por eso que el orden en el que se suceden las entrevistas no obedece a una lógica precisa, sino al deseo del autor de entablar un diálogo permanente, a través de un pequeño blog llamado *Inspiratio*, con las personas acerca de las diversas realidades que les afectan, desde los distintos enfoques que nos proporcionan las diversas disciplinas, pero sin atender a la pugna entre ellas por su papel fundado o fundamentador. La persona está presente en todo lo que enseña o aprende, siente, hace, etc. Asimismo, corresponde a ella discernir las diversas modalidades que ha de adoptar frente a lo que enseña, piensa, siente, hace o dice, implicándose en toda realidad, por barruntar que ésta —su propia realidad o consistencia— constituye, en cierto modo, la entraña íntima de toda ella.

En la primera de las entrevistas[1], reflexionamos con Inger Enkvist, influyente pedagoga e hispanista sueca, a través del intercambio de preguntas breves con respuestas precisas, acerca de la deriva de la educación actual y la esencia del acto educativo, que, en ningún caso, ha de poner la forma por encima del contenido. En la segunda entrevista, de la mano del mediático economista español Daniel Lacalle, extraemos y confrontamos los presupuestos antropológicos subyacentes al liberalismo económico y la potencia de humanización latente en él. En la tercera entrevista, el reconocido historiador Juan Eslava Galán nos ayuda a examinar críticamente las peculiaridades de la conquista de América y su significado antropológico para la historia de la humanidad. En la cuarta entrevista, Francesc Torralba nos pone en guardia contra la inmediatez y el carácter vertiginoso de la existencia contemporánea que hace irrelevante e insignificante tanto la búsqueda como la pregunta por un fundamento último de lo real: Dios.

En la quinta entrevista, confrontamos con la prestigiosa psicóloga Laura Rojas Marcos el modo en el que tiene lugar la articulación y la construcción de las emociones en el seno de las relaciones intrafamiliares, atendiendo a los diversos contextos contemporáneos de vulnerabilidad y violencia que ahora mismo afectan a la familia. En la sexta entrevista, analizamos junto con el reconocido periodista español Manuel Campo Vidal las condiciones de posibilidad del acto comunicativo en el contexto actual de desinformación y proliferación de *fake news*. En la séptima entrevista, acompañados por la prudencia y experiencia profesional del reputado abogado Antonio Garrigues, aprendemos a dilucidar el sentido humano de un obrar bajo la ley que atienda a la determinación de lo que es justo para el ser humano.

En la octava entrevista, Pablo d´Ors nos hace percatarnos de la relevancia antropológica del silencio y los claroscuros que éste introduce tanto en la experiencia

---

1 Todas las entrevistas, a excepción de que se indique lo contrario, fueron realizadas por Juan Pablo Martínez Martínez.

como en la existencia. En la novena entrevista, Luis Sánchez Navarro incide en la imagen corporativa de la persona humana que se deduce de los Evangelios a partir de una lectura atenta y crítica de las Sagradas Escrituras. En la décima entrevista, el filósofo Alfredo Cruz Prados cuestiona las aparentes virtudes de la doctrina de los derechos humanos, apostando, frente a ellos, por una recuperación de la visión política del ser humano que propicie en él vías de participación eminente y sobresaliente en lo común del Estado. En la undécima entrevista, ahondamos con Olga Belmonte en la desquiciante experiencia de las víctimas y aprendemos a valorar la objetividad de su experiencia subjetiva y los aprendizajes que ésta permite de la propia esencia humana.

En la duodécima entrevista, el filósofo Leonardo Rodríguez Duplá nos confronta con la doctrina del mal radical, la innegable coherencia del argumento kantiano, y la relevancia de su consideración a la hora de ponderar el ser y obrar del ser humano y sus propias disposiciones al bien. En la decimotercera entrevista, el psiquiatra Víctor Pereira nos ayuda a reconocer el papel de la enfermedad en la vida humana y la capacidad de la psiquiatría y del propio psiquiatra para trascender visiones dualistas acerca del ser humano. En la decimocuarta y última entrevista, la doctora Pilar González Casado nos muestra cómo en el texto del Corán no está presente una reflexión sobre el ser humano como *Imago Dei* y las consecuencias que se derivan de semejante planteamiento, en contraste con la idea cristiana del hombre y del mundo.

A lo largo de la lectura atenta de todas estas entrevistas, el lector podrá comprobar por sí mismo cómo a través de ellas se van desgranando, sin organizarlas, las distintas dimensiones de lo humano, entre ellas: la educativa, la económica, la histórica, la psicológica, la comunicativa, la filosófica, la teológica, la jurídica, etc. Resta que el lector se someta al diálogo propuesto para que se mida con la pregunta y contrapese sus propias respuestas con las enunciadas por los especialistas, de modo que siempre y ante todo resplandezca la pregunta.

Juan Pablo Martínez Martínez

La pregunta

Juan Pablo Martínez Martínez

¿Qué impulsa a una persona a preguntar a otra? Quizás un deseo vago e indefinido de lograr o, mejor dicho, de poner al alcance de la mano una porción de realidad, o bien sorprendente o bien infinitamente interesante. De tal cariz resulta ser la realidad de la persona que aquí examinamos: un pozo insondable de enigmaticidad. Enigmaticidad que mueve, a la vez que conmueve, pero, sobre todo, remueve, hasta el punto de cuestionar lo más íntimo y profundo, a saber: el hondón del alma. Todo ello sin haberse llegado uno a dar ni cuenta de lo que estaba implícito en aquello que ya se estaba haciendo explícito a cada momento. Allí, en los recovecos de aquella conversación recóndita, donde fue emergiendo la figura sin contornos de un rostro que ya, en la articulación misma de su palabra, pugnaba por atravesar, e incluso invertir o convertir, las formas establecidas en la búsqueda y realización de un sentido incondicional para sí mismo. Para el hombre. Para el mundo...

Pero ¿tiene sentido el mismo preguntar? Así pregunta el que pregunta por no saber él mismo determinar si ésta, la pregunta misma, una vez emitida, se ha vuelto ya una respuesta. ¿No será que el que pregunta ya tiene la respuesta de aquello que cuestiona? Así se expresa aquél que concibe la realidad como llena de respuestas, ya dadas, ya dándose. Ante la respuesta grandilocuente, omniabarcante, la pregunta enmudece. Su promesa se desvanece, efímera, como el viento que anuncia un cambio sin realmente llegar a cambiar el horizonte.

La respuesta, por su parte, iguala el horizonte. Hace que todas las cosas comparezcan en el frío espacio de su mutua referencialidad. Encierra así la promesa del preguntar en el coto de lo previsible y de lo dramáticamente insoslayable. No obstante, detengámonos. Pues, en definitiva, ¿qué promete la pregunta? La brevilocuencia de una palabra ante la cual enmudezcan todas las respuestas. En suma, la simplicidad de un decir, de una palabra, en la que finalmente se acabe realizando aquello que se dice.

Por eso, la vida es más pregunta que respuesta. Por eso, la persona es menos respuesta que pregunta. Quizá sea en los vericuetos de aquellos cientos o miles de sus palabras proferidas por sus labios donde encontremos a la persona hablando en el vacío. A veces expresando su *horror vacui*, en el intento cómico de justificar aquello que realmente no sabe ni podrá saber. A veces callando o dejando esparcidos, entre sus propias palabras, silencios culpables de aquello que cada uno, en el fondo, sabe que no debería haberse expresado, aunque *de facto* lo haya hecho.

La pregunta, en todo caso, expresa la vergüenza. Ella sabe, intuye, barrunta que la realidad no está ahí para ser controlada, desvelada en su condición de posibilidad última. Y, sin embargo, nos la encontramos ahí lisonjeando a la respuesta para que ésta se tome la molestia de explicarle a la pobre pregunta su exigua y radical indigencia. Y es que, mientras la pregunta balbucea, la respuesta, en cambio, no vacila. Elimina el balbuceo de la pobre pregunta forjándose la ilusión de ser infinitamente más rica, más plena, que la pobre y despreciable pregunta, que en su misma elocución deja traslucir la más simple, pura y límpida de las ignorancias.

¿Cómo no va a despreciar entonces la respuesta a la pregunta? Es ella la que pone fin a su *ritornello* molesto, su impertinencia. En definitiva, a la falta de exactitud y de decoro, que tanto gusta a nuestros grandes y renombrados académicos. ¡Con menudos ropajes se presenta la pregunta! Ese caminante molesto que impide avanzar por la senda; que contradice el progreso, el vivir volcado hacia un futuro; que, en su misma formulación, aparece como medio arrepentida; que no termina de decir aquello que otros saben decir con mucha más elocuencia y palabras floridas de toda índole, nacidas en los mejores jardines de la elocuencia.

Y, sin embargo, ahí está la pregunta, despreciada, olvidada. Su modo de ser es paradójico. Pues es precisamente su cadencia trémula, su apariencia demacrada, la que da a la respuesta la posibilidad de lucirse o relucir en todo su esplendor. Y, en el fondo, la respuesta sabe que toda su excelencia se alimenta de esa pregunta que una vez alguien se atrevió a hacer.

Ojalá todos cultiváramos el deseo de acoger más nuestras preguntas que nuestras respuestas. Bajo este espíritu ha sido redactada —y así ha de ser leída— esta obra desmigajada, desorientada, descuartizada por todas aquellas preguntas que en el fondo, en y desde su osadía inexplicable, han tratado de dar cuenta de aquello que no puede ni debe ser expresado: el ejercicio del saber en todas aquellas personas en las que, de un modo u otro, han transitado aquellos deseos vitales que a todos nos conciernen, nos han concernido y nos concernirán, y cuyo resumen no exento de manipulación infinita es aquel ideal tan vacuo y engañoso, a la vez que santo, de la excelencia. Y ahí queda la pregunta, en medio de la excelencia, confundida con ella, a través de lo que nadie jamás esperó que sucediera, a saber: que ésta —la excelencia— tomara carne en el espíritu andrajoso de su pobreza.

I

La impersonalidad de la educación hoy

Entrevista a Inger Enkvist

No solamente una educación basada en contenidos es relevante, sino que constituye la esencia de la educación. Es la educación y lo demás no lo es.

Entrevista realizada por: Juan Pablo Martínez Martínez

Hablamos con Inger Enkvist acerca de la situación de la educación actual y los motivos de su carácter impersonal. Inger Enkvist es una hispanista y pedagoga sueca, catedrática de español en la Universidad de Lund y exasesora del Ministerio de Educación de Suecia.

1. ¿Cuáles son los principales presupuestos de los que se alimenta la pedagogía en nuestros días?

En los países occidentales no se usa la pedagogía para el bien del alumno, para que el alumno aprenda en primer lugar, sino como instrumento del Estado: el Estado tiene derecho a disponer de sus ciudadanos. Es más, puede usar los años de escolarización para influir en los futuros ciudadanos. Así, desde el Estado, los alumnos no se ven como personas, con un valor en sí, sino que se les trata como parte de algo más grande, como miembros de un conjunto, sobre el cual pueden ejercer su poder los políticos. Además, debido a que se vive en democracia, esto se considera legítimo porque, de alguna manera, los ciudadanos hemos entregado a los políticos el derecho de gobernar.

Pero, por mi parte, yo quisiera reivindicar, como acto de protesta, el hecho de que gobernar no es lo mismo que cambiar o transformar a los ciudadanos. Y ese tema va a orientar todas las reflexiones que haremos de aquí hasta el final de nuestra conversación, a saber: la instrumentalización política de la educación. De hecho, he llegado a la conclusión, tras un estudio profundo de la historia de los países occidentales, de que esta idea, la de la instrumentalización política de la educación, aparece en los años 60 y tras estas fechas crece con fuerza, pero no como un proceso natural. Éste es uno de los presupuestos fundamentales en los que se desenvuelve la pedagogía actual y curiosamente resulta quasi invisible para la gran mayoría de la gente.

2. ¿Cuál es la concepción antropológica que subyace a estos presupuestos?

Una buena forma de acercarse a este problema es señalar que para los gobernantes hay una idea de igualdad entre los seres humanos o entre los ciudadanos. Estos deberían ser iguales. Y si no es así, ha acontecido algo, principalmente problemas socioeconómicos o familiares, que los políticos deben remediar. Es por ello que el Estado y los políticos tienen como obligación fundamental compensar la desigualdad. Es la idea de las personas como páginas en blanco, muy discutida hoy entre los filósofos y los psicólogos. Pero la realidad es que no somos exactamente iguales, que hay diferencias, algunas genéticas y otras derivadas de la primera educación que recibimos de nuestros padres. Esta primera educación nos marca, nos convierte en diferentes. Esto es lo que los políticos no aceptan. Lo presentan como una injusticia y declaran como su responsabilidad fundamental erradicar esa injusticia.

Ahí vemos que el propósito de los políticos no es realmente utilizar la educación para el bien del conocimiento, para mantener un alto nivel de éste, sino que tratan de usarla para dar un rodeo a dicho conocimiento, es decir, para hacer del conocimiento algo interesante, agradable, quizás útil, pero no fundamental. Enfatizan de esta manera la dimensión pragmática del conocimiento. Y ello porque el conocimiento como valor fundamental en sí no siempre apoya las ideas principales de los políticos. Por ello, estos hacen caso omiso del conocimiento, sobre todo, cuando éste va contra los intereses del poder.

En resumen, el concepto fundamental de la persona humana que subyace a estas pedagogías es que todos somos iguales y debemos serlo por medio de prácticas políticas que corrijan y equilibren las desigualdades. Pero esta igualdad postulada no responde a la realidad.

3. Hoy en día, en el mundo educativo existen dos dogmas firmemente asentados: 1. El aprendizaje debe producirse conforme a los intereses del educando. 2. El aprendizaje debe motivar al alumno de tal modo que éste casi no note el esfuerzo que supone aprender. ¿Con qué herramientas se puede hacer frente a estos dos dogmas tan aparentemente consensuados?

Es necesario insertar estas dos ideas dentro de un marco más amplio. Deben su popularidad a la introducción de la escuela obligatoria única, cuyo presupuesto básico es el siguiente: todos los jóvenes deben seguir el mismo programa al mismo ritmo y con compañeros con diversos ritmos de aprendizaje. De este modo, se pone a los alumnos en una situación coercitiva. Es más, se ejerce sobre ellos una coerción psíquica, a veces, también física. Ante esta coerción, y para evitar actos de rebelión por su parte (más o menos motivados), hay que intentar hacerles más asumible esta imposición bajo la idea que en la escuela van a poder hacer lo que les gusta.

Pero en realidad esto es una manipulación, porque los alumnos no pueden elegir no estar en la clase, en el grupo en que están. De ahí que se genere una gran discusión —debate ampliamente abierto en mi país, Suecia— cuando se plantea la posibilidad de que un alumno se sustraiga de su grupo para, por ejemplo, ir a otro colegio. Y ello porque se supone que todos los alumnos tienen la obligación de estar donde los coloca el Estado y aguantar lo que éste les imponga. He aquí la contradicción o contradicciones: se dice que tienen derecho a seguir sus propios intereses, pero a la vez no se acepta que haya diferentes itinerarios; se dice que deben encontrar divertido su aprendizaje, pero muchos no encuentran nada divertida la jornada escolar y aun así tienen que permanecer en el aula.

En resumen, estas dos ideas —el alumno debe aprender conforme a sus intereses y el alumno debe encontrar su aprendizaje divertido— constituyen dos fórmulas que se repiten constante e irreflexivamente, pero que en el fondo se hallan vacías de contenido. Y además, no se señala un aspecto relevante de éstas, a saber: que no dan resultado. De hecho, ya que tanta importancia se les da a los resultados, se debería comprobar que son efectivas en términos de aprendizaje, pero en vez de ello, lo que podemos constatar en nuestros países occidentales es que los resultados, en cuanto a la calidad del aprendizaje, están bajando notable e indefectiblemente.

Además, lo que sabemos todos y lo que saben en los países asiáticos, por ejemplo, es que el interés por un conocimiento puede venir por el gusto que genera la comprensión tras haber estudiado algo. Ahora bien, la manera de pensar que se ha implantado en los países occidentales según la cual el gusto hay que comprenderlo siempre con matices subjetivo-hedonísticos se ha opuesto al desarrollo y fomento de esos gustos que cabría llamar intelectuales: el gusto de conocer, el gusto de entender las cosas, el gusto de crecer como persona.

Es por ello que podemos concluir que estas dos ideas no pueden sino considerarse en y desde una cierta intención manipuladora.

4. Usted ha defendido en muchas ocasiones el aprendizaje y la educación basada en contenidos (muy denostada actualmente), ¿en qué medida una educación así fomenta la libertad y el espíritu crítico de los alumnos?

No solamente una educación basada en contenidos es relevante, sino que constituye la esencia de la educación. Es la educación y lo demás no lo es. Es más, puedo dar una serie de ejemplos o consideraciones para sustentar esta tesis:

1) Es claro y evidente que para pensar necesitamos un contenido. Es absolutamente imposible conocer a partir de la nada. Tenemos que fijar nuestra atención en algo y captarlo. Ahora bien, cuando explicamos lo que es el pensamiento, solemos decir que es algo que sucede en la memoria a corto plazo. Pero tengamos en cuenta que nuestro cerebro sólo puede manejar de tres a siete elementos a la vez. Algunos de esos elementos tienen que ver con el problema que nos rodea, que estamos observando, pero los otros elementos, los que escapan a nuestra capacidad de atención, tienen que provenir de la memoria a largo plazo. Es decir, tienen que venir de lo ya aprendido.

Esto quiere decir que el pensamiento resulta de una combinación de lo que ya sabíamos y los elementos que nos vienen de la situación en la que nos encontramos. De esta manera, se puede comprender que piense mejor el que tiene una memoria a largo plazo bien desarrollada, con muchos conocimientos, de diferentes tipos y bien organizados. Con otras palabras, lo que esto quiere decir es que no hay manera de pensar si uno no tiene almacenados conocimientos anteriores.

Lo anterior, además, se puede constatar con los alumnos en la clase: los alumnos rezagados muchas veces se quedan con los brazos cruzados, porque no saben cómo empezar, esto es, no tienen conocimientos como para arrancar y dar cumplimiento a su trabajo.

A este respecto, hay un experimento muy conocido a propósito del ajedrez, basado en una experiencia que se tuvo en los Países Bajos en los años 50 y que después se ha repetido en múltiples ocasiones. Este consistía en lo siguiente: primero se ponían las piezas de cualquier modo en el tablero. Apenas se mostraban diferencias entre los informantes novatos o expertos cuando debían acordarse en dónde habían estado las piezas. Cuando las piezas se colocaban según una fase en una partida, sí que se revelaba una diferencia clara, porque los expertos reconocían una fase en una partida de verdad. De hecho, es sabido que los libros de ajedrez dan nombres especiales a muchas de estas situaciones y a veces se asocian a cierto maestro quien ha resuelto la jugada de cierta manera. Los expertos las estudian y aprenden con ello las diferentes posiciones de las piezas como cualquier otro tipo de conocimiento. Al jugar, su pensamiento es en gran parte la aplicación de lo aprendido y no algo que se les ocurre en el momento. Para la pedagogía, el experimento apunta a la idea de que lo fundamental es estudiar contenidos y no sólo interesarse por estrategias o competencias abstractas.

2) Existe hoy una amplia investigación en psicología en la cual se diferencia entre los expertos y los novatos aplicada a muchas áreas. En este sentido, los psicólogos dicen de una manera científica lo que todos ya sabemos, a saber: que un experto ha leído y sabe mucho. Además, tiene gran experiencia y así cuando ve o tiene que afrontar una nueva situación, puede acordarse rápidamente de lo que sabe apelando a su experiencia y de este modo, actuar de una manera rápida y acertada. Mientras que un novato no sabe ni cómo empezar, duda, muchas veces necesita retroceder porque está vacilante y cuando llega a una conclusión, no está seguro de que sea una conclusión o solución correcta. Pero lo más curioso de esto es que en situaciones educativas haya pedagogos que propongan que los alumnos aprendan utilizando el método de resolución de problemas. Debemos notar, en primer lugar, que en el aprendizaje los alumnos son novatos. Por eso, son alumnos, pertenecen a esa categoría. No conocen el área del conocimiento que están trabajando y los problemas asociados a ella. Pero lo que parece exigir el método de resolución de problemas es que aprendan, y

a la vez apliquen lo aprendido, para con ello resolver un problema, como si ellos fueran expertos. Esto resulta demasiado para los alumnos. Algún estudiante podrá hacerlo, el que ya sabe mucho y es muy inteligente y además está motivado para el trabajo. Pero normalmente esta no es la situación. En este sentido, resulta contraproducente y negativo que los pedagogos propongan esta metodología a los alumnos. Hay pocas probabilidades de que funcione en la realidad.

3) Por otra parte, es necesario reseñar que la gran afición que existe hoy en día en el mundo educativo por las metodologías activas de aprendizaje quizá tenga que ver con la materia misma de la pedagogía. Y ello porque si hay, se da o existe una disciplina que se llama pedagogía, de algún modo quiere decir que existe algo general en el aprendizaje no ligado a los contenidos. Por ello, la pedagogía, para justificar su propio ejercicio disciplinar, tiene que inventar metodologías, porque es lo suyo, pero a la vez no tiene ningún campo de contenido que no sean las metodologías.

Pero en la realidad podemos constatar que los buenos profesores son los que conocen bien su materia, saben qué enseñar a los alumnos, cómo enseñarlo, cuándo enseñarlo y además pueden explicar su materia de manera muy clara. Cuanto más experto es el profesor, más claridad tiene a la hora de elegir el material y el método. En este sentido, la pericia del profesor, además de su situación contextual en el aula y con el grupo, constituye la clave de todo el aprendizaje y no la metodología. El profesor puede usar una metodología, pero de ninguna manera quedar subordinado a ella, determinado por personas de otro rango administrativo y sin conocimientos en su materia.

5. **Las nuevas metodologías activas de aprendizaje** (*flipped classroom*, *learning by teaching*, *learning by doing*, *gamificación*, **etc.) son hoy en día una realidad en las escuelas. En muchas de ellas, se obliga tácitamente a los profesores a adoptarlas de uno u otro modo. La pregunta entonces es la siguiente: ¿bajo qué criterios o supuestos se podrían aplicar estas metodologías sin perder la esencia del acto educativo o una educación centrada en el aprendizaje de la persona?**

En primer lugar, debemos recordar que las metodologías están al servicio del profesor y no al revés. Eso es lo fundamental. Por otra parte, lo más relevante para el profesor en el ejercicio de su actividad educativa es conocer su materia. Tras ello, conocer bien a su grupo y después conocer los materiales de los que dispone la escuela para organizar una clase. Y, por último, ser capaz de conectar con el grupo. Esto último se consigue con una simple conversación, con relatar algo a los alumnos. Contar algo, dedicar un tiempo para el coloquio con los alumnos, puede ser una muy buena metodología. Lo que pasa es que no es tan fácil hacerlo bien.

6. ¿Cuál es el concepto de inteligencia que maneja la pedagogía actual?

Resulta hoy llamativo que no se hable de inteligencia. No es un concepto que guste, porque hay una suspicacia que consiste en que ésta —la inteligencia— podría suscitar desigualdades. Pero —estoy segura— hay algo que con certeza satisfará las exigencias de los igualitaristas: la inteligencia se puede mejorar en cierta medida, porque si alguien estudia durante muchos años, su inteligencia puede incrementarse, modificarse. Es más, si alguien que parte de una inteligencia mediocre aprende mucho, puede llegar a pensar mejor, porque el contenido que ha incorporado suple su capacidad más limitada, esto es, un coeficiente intelectual más bajo.

Así pues, estos dos argumentos muestran que estudiar contenidos ayuda a mejorar tu capacidad para realizar trabajos intelectuales. Pero téngase en cuenta en este punto que estoy hablando tanto de inteligencia como de esfuerzo. Ambos conceptos están relacionados. De hecho, el esfuerzo debería ser más aceptado incluso por ser más democrático, pues todos pueden hacer el esfuerzo de mejorar su inteligencia mediante la adquisición de contenidos.

7. En su opinión, ¿la teoría de las inteligencias múltiples, desarrollada por Howard Gardner, recoge toda la capacidad de la inteligencia humana para abrirse a la realidad?

Esta teoría no puede servir como modelo o referente que cambie el modo de llevar una clase. No es sólo mi opinión, sino que existe un amplio consenso acerca de que esta teoría constituye una equivocación. Más bien, lo que debe hacer el profesor, sobre todo, si está con alumnos más pequeños, es encontrar un punto de equilibrio entre la rutina que da estabilidad a la enseñanza y cierta variación sobre todo en los tipos de ejercicios para captar desde diferentes ángulos los diversos modos de aprendizaje que acontecen en el alumno y sus diversos problemas de aprendizaje.

Los perjudicados de la teoría de las diferentes inteligencias son los disléxicos que necesitan mucha instrucción. Los disléxicos requieren también lo mismo que todos. Necesitan palabras, escuchar al profesor, los resúmenes en la pizarra. Necesitan quizá mapas conceptuales con dibujos que contengan los elementos principales y la relación entre ellos. En este sentido, requieren lo mismo que otros alumnos. Algunos de ellos necesitarán dedicar más tiempo al estudio, otros un poco menos, pero todos precisan de un buen profesor pues, como dice un buen amigo mío, también pedagogo que vive en Madrid: "Un buen profesor es bueno para todos y un mal profesor es malo para todos".

De hecho, Savater, el filósofo, dice en su libro sobre educación, *El valor de educar* (1997), que no podemos convertirnos en seres humanos plenamente sin que otra persona nos dé la llave de cómo convertirnos en personas. ¿Cómo? A través de la lengua, a través de la comunicación, a través de la cercanía física. Todo lo que nos convierte en personas lo recibimos de otras, especialmente de la familia. Esto me parece un aspecto fundamental.

8. ¿Por qué cree que hoy en día en la educación ya no se habla de conceptos como la *verdad*, el *bien* y la *belleza*?

Acabo de terminar de escribir un libro sobre el posmodernismo y la educación. En él intento explicar cómo la historia del posmodernismo influye en este proceso de ocultamiento de conceptos como la verdad, el bien y la belleza en la educación. De hecho, casi todos los filósofos que hablan de esto señalan que el origen de esta ocultación hay que situarla en el relativismo, que crece en Europa y el mundo occidental en los años 50 y en la decepción de la izquierda occidental, que había soñado con el comunismo y se había encontrado en la realidad con un régimen del horror, reconocido por el propio Kruschev cuando habló del régimen de Stalin y sancionado por otros hechos no menos lamentables: la ocupación de Budapest por los tanques soviéticos en los años 50.

Este desencanto provocó que aquellos que estaban muy comprometidos con la idea de la igualdad, al constatar la realidad, quedaran sin argumentos para seguir defendiendo semejantes regímenes. Pero en vez de cambiar sus ideas acerca de las cosas, decidieron seguir manteniéndolas pero cambiando de teoría, esto es, adoptando el relativismo.

Para ellos, hoy existen diferentes maneras de pensar: la belleza no es una belleza, sino que puede haber varias. La verdad no es una verdad, sino que puede haber varias. Y los modos de juzgar lo que está bien o mal pueden ser diferentes. He aquí la semillas del multiculturalismo, de la contracultura, sobre todo, reflejadas en un rechazo a juzgar. Se considera muy reaccionario el hecho de decir que una cosa es mejor que la otra o que una conducta es mejor que la otra, o que este cuadro es mejor que este otro, o que este libro es mejor que este otro. O simplemente se rechaza el hecho de que en la escuela se deberían estudiar ciertos contenidos. Todo esto se desestima. Y con ello la educación pasa a depender de una pedagogía que bebe de una "filosofía" (relativista) cuya fuente es, en realidad, una política "igualitarista" representada por la idea de un Estado aparentemente neutral e independiente, que ha desplazado la centralidad del conocimiento en la educación, sustituyéndola por la idea de una aparente igualdad.

II

Hacia un ejercicio humanista de la economía

Entrevista a Daniel Lacalle

El capitalismo es solidaridad. No existe, no puede existir, un sistema capitalista que sea insolidario o que funcione sin solidaridad.

Hablamos con Daniel Lacalle sobre las claves de la economía actual y los presupuestos antropológicos que mueven los sistemas económicos preponderantes en nuestras sociedades. Daniel Lacalle es doctor en Economía, profesor de Economía Global y Finanzas, además de gestor de fondos de inversión.

1. ¿Cuál es el concepto de hombre que subyace en el llamado liberalismo económico?

El concepto de hombre que subyace en el liberalismo económico es el del individuo libre y responsable. El aspecto más reseñable del liberalismo es que entiende la naturaleza humana de un modo positivo, a saber: que los seres humanos, cuando tenemos la oportunidad de decidir libremente, conseguimos el mayor beneficio para la comunidad precisamente fortaleciendo la acción humana y el libre albedrío y, con ello, la responsabilidad del hombre.

2. ¿Hasta qué punto la libertad humana puede influir hoy en el desarrollo y crecimiento en los sistemas económicos actuales?

Primero, hay que erradicar la percepción social de que la economía sea una especie de monstruo. La economía no es un monstruo ni un ser único. De hecho, la formulación de esta pregunta da cuenta del hecho de que existe hoy una identificación equivocada entre la política económica y la economía. La política económica y la economía no son lo mismo. La política económica es precisamente política, mientras que la economía es una ciencia.

Por otra parte, debo subrayar que los seres humanos influenciamos en todo sobre la economía. La idea de que la economía se mueve con independencia de los seres humanos está basada en el concepto de que la economía debería solamente funcionar en un sentido: el marcado por los políticos. Pero, a este respecto, la economía no deja de ser la unión de los incentivos y los desincentivos que cada uno de nosotros, como ciudadanos, tenemos.

En este sentido, la concepción que se ha formado socialmente según la cual los políticos manejan la economía es en sí misma cómoda, pero falsa. Cómoda, porque uno puede forjarse para sí mismo la impresión de que ante la realidad económica no se puede hacer nada al ser asunto de los políticos. Falsa, porque de hecho incluso los políticos funcionan también con los incentivos que reciben de sus votantes.

3. Como usted ha señalado antes, existen dos afirmaciones basadas en una percepción social que se repiten de forma continua en el discurso público: la primera es que la política gobierna la economía, y la segunda, que la economía maneja a los políticos. ¿Hasta qué punto ambas responden a la realidad?

No se puede decir ni que la política gobierne la economía ni tampoco que la economía maneje a los políticos. Ambas proposiciones no son ciertas, entre otras razones, porque la economía no es un ente que tenga un objetivo externo, una intención trascendente a los fines de las personas que la ejercen. Es más, como he señalado antes, es una ciencia, al estilo de la física. En este sentido, la economía no maneja nada. Y, a este respecto, si no atribuimos a la física el poder de gobernar el mundo, con mucho menos motivo podemos atribuir a la economía un poder entitativo opaco y oculto cuyos intereses se contraponen secreta y perversamente a los intereses de los individuos.

En este punto quiero reseñar el aspecto falaz del discurso público actual, cuyo presupuesto fundamental está basado en la asunción de que existe una mano invisible (de naturaleza económica) que mueve todos los hilos y que es culpable de todos los males y que, por otra parte, no es responsable de ninguno de los bienes. Constituye una manía muy peculiar de España y los países de América Latina el hecho de echarle la culpa de todos los males sociales a un ente abstracto que ni siquiera puedes definir y tampoco contextualizar. Se trata de una especie de Satán inventado, al que unos llaman la economía, otros el capital, etc. No es esto sino una invención que hace muy cómodo el surgimiento del populismo, porque éste no constituye más que un intento de simplificar al máximo la comprensión de todos los problemas para favorecer con ello concepciones unilateralistas de la realidad política, entre las que se encuentran las políticas socialistas, que se arrogan a sí mismas la capacidad de corregir de forma justa los defectos del mal llamado monstruo de la economía.

4. Hoy en día se da una creencia muy extendida de que toda sociedad que quiera llamarse avanzada ha de tender necesariamente a la creación del llamado *Estado del Bienestar*. ¿Hasta qué punto se trata de un mito o de una realidad que ha de proponerse como tarea?, ¿debe proponerse la economía como objetivo primordial y debe ser prioritario generar ese Estado del Bienestar?

Repito que la economía es una ciencia. Y, en este sentido, el capitalismo que surge como concepción del ejercicio científico de la economía es el único sistema económico que maximiza el bienestar de los ciudadanos con los recursos que existen, porque constituye el sistema de asignación de recursos más efectivo posible. Así pues, el capitalismo es el Estado del Bienestar. No existe Estado del Bienestar fuera del capitalismo. Esto es, no existe ninguna sociedad que tenga un Estado del Bienestar real que no sea capitalista. Y ello debido al hecho de que sólo existen dos modelos de sociedad: uno basado en los beneficios y otro basado en las pérdidas. No hay más.

Si implementas un modelo de sociedad basado en las pérdidas, no existe el bienestar para los ciudadanos. Lo que se da entonces es la miseria muy bien repartida. Si, en cambio, implementas el modelo de sociedad basado en los beneficios, puedes colectivamente, y gracias a la decisión libre de los individuos, optar a qué parte de los beneficios se distribuyan en un Estado que reparta, teniendo en cuenta a las clases más desfavorecidas.

Pero si no cuentas primero con la creación de riqueza y la creación de beneficios, el Estado del Bienestar no existe. Al igual que en una familia —el agente económico más social de todos—, tú no puedes decidir dar a tus hijos una educación, alimento, y abrigo si primero no estás generando los recursos y la riqueza necesarios para que subsistan. De hecho, en la familia suele haber una o más personas que generan recursos y el resto los consumen. Y los consumen por la decisión consciente de aquellos miembros de la familia que generan recursos para utilizar parte de ellos con el fin de proteger a los más débiles. Eso es puro capitalismo. No existe otro sistema que pueda hacer eso.

De hecho, como bien se puede observar, no existe ningún sistema que no sea capitalista que tenga Estado del Bienestar. No hay nadie que viva peor que los ciudadanos en Cuba, en Corea del Norte o en Venezuela. En ellos, se da la miseria más absoluta y abyecta.

5. **Podríamos decir que hoy la separación entre el lenguaje económico y el lenguaje ordinario es casi un hecho. Incluso esa separación queda ya reflejada en el abismo que se ha abierto entre la compleja realidad económica y la realidad cotidiana que nos circunda. ¿Podría darnos algunas claves sencillas para que hoy la gente de a pie entienda los derroteros por los cuales se desenvuelve la economía actual y no los perciba desde la óptica de una injusticia permanente?**

La separación entre el lenguaje ordinario y el lenguaje económico no es un hecho. Es más, es algo que resulta falso. En efecto, el sentido latente de dicha frase es señalar o apuntar que la economía no nos permite venderle a la gente que dos más dos suman 22, que es lo que pretenden hacer el socialismo y el populismo.

El socialismo y el populismo parten de la base de que todo es ilimitado y que lo único que hay que hacer es repartir una riqueza que ya existe. Sin embargo, lo que niegan tanto el socialismo como el populismo es que el estado natural del ser humano no es la riqueza. Es más, el estado natural del ser humano es la pobreza, y no sólo la pobreza, sino la pobreza más abyecta.

Y, además, la única manera posible de salir de esa pobreza es creando riqueza. La riqueza no constituye algo innato, no es algo dado. La riqueza se ha creado y se crea. De hecho, para poder repartir parte de la riqueza, hay que sumergirse en la tarea de crearla. En el momento en que tú rompes esa ecuación, conduces directamente a todo el mundo hacia la miseria más absoluta. Es lo que ocurre en todos los ejemplos de socialismo.

Aún más, el socialismo, para poder vender la idea imposible de que el problema social está en la repartición justa e igualitaria de los recursos, tiene que vender la idea de que la riqueza es una especie de mina inagotable de la que se puede disponer ilimitadamente.

En contraste, lo que nos muestra el capitalismo, en primer lugar, es que la riqueza hay que crearla, y hay que crearla constantemente. En segundo lugar, lo que nos enseña el capitalismo es que la redistribución perfecta de la riqueza es imposible por la sencilla razón de que la riqueza no es una tarta (una realidad estática) que se divide en partes exactas e iguales, sino más bien constituye una realidad que hay que ir creando y tomando con ella decisiones colectivas fundamentadas en opciones personales y libres que tengan como fin beneficiar a los más desfavorecidos.

Por otra parte, resulta imposible erradicar la percepción del ser humano de que mi situación no es la ideal. No se puede eliminar esa percepción. Ahora bien, el ciudadano más pobre de EE. UU. hoy tiene a su disposición el acceso a más riqueza de la que tenía un multimillonario en los años 20. Por supuesto, su percepción, la de ese ciudadano, es que no puede estar peor, pero eso no coincide con la realidad.

De hecho, se ha dicho mucho que la generación actual de jóvenes es la que peores condiciones de vida ha tenido en la historia. Pero yo, desde mi perspectiva biográfica e histórica, no puedo suscribir esa afirmación de ningún modo, porque es falsa en todos los sentidos. Falsa, por los bienes y servicios a los que se tiene acceso hoy; falsa, por el fácil acceso a información y conocimiento que se tiene hoy en día; falsa por el acceso a la sanidad que se dispone; falsa, por lo que se refiere a la longevidad, etcétera.

El problema es que, cuando se hace análisis económico desde un punto de vista emocional, se cae en tres errores que recojo en mi libro *Libertad o igualdad:*

1) El *presentismo*, que consiste en decir que nunca hemos estado peor que ahora. En definitiva, exagerar el presente.

2) La distopía, que consiste en mirar el futuro desde una óptica apocalíptica (no habrá tierra, aire, agua, petróleo, trabajo, etc.). La exageración del presente y del futuro conlleva a una delegación directa de mi responsabilidad a este respecto.

3) La nostalgia, que consiste en el hecho de señalar que en tiempos pretéritos se vivía mejor que ahora.

Son tan empíricamente falsos los tres errores que siempre señalo a mis alumnos que, de ser ciertos, hace 20 años que nos habríamos quedado sin petróleo, sin trabajo, y sin agua. Porque si te tomas en serio todas las estimaciones que hacían los grandes científicos en los años 90, estos señalaban que para el año 2000 acontecería un *crush* tecnológico que acabaría con todo. Y, sin embargo, podemos constatar cómo esto no ha sucedido así.

Igualmente resulta un error apreciar de forma desmesurada el pasado. A este respecto, me señalaba Yanis Varoufakis en una charla que los aborígenes que vivían en Australia, antes de que llegara la civilización, eran personas muy felices, que vivían muy bien. Pero esto no es así, porque primero, en una sociedad aborigen como aquélla, nuestra esperanza de vida se habría visto reducida drásticamente (hasta los 20-30 años), las condiciones de nacimiento serían más dificultosas, la presencia de la violencia en la sociedad sería más acusada, etc. En este sentido, exagerar la nostalgia constituye una postura muy cómoda pero poco realista, porque si ha habido una sociedad con las mayores cuotas de bienestar, ésa es la nuestra. Y no sólo eso, sino que la nostalgia excesiva constituye una exageración deliberada con un objetivo ideológico: intentar convencer a los jóvenes de que el sistema capitalista es malo y que el sistema socialista, que se compara con sus intenciones y no con sus resultados, es bueno. Y si no funciona este último, es porque no era verdadero socialismo.

6. ¿Cómo podría implementarse una lógica de la solidaridad (del don) en la economía sin apelar a concepciones intervencionistas o estatalistas?

El capitalismo es solidaridad. No existe, no puede existir, un sistema capitalista que sea insolidario. Puede existir alguna persona en el sistema capitalista que sea insolidaria, pero la competencia, la tecnología y la propia decisión voluntaria de hombres y mujeres libres en sociedad desplaza a esas personas a medio y largo plazo. De hecho, el sistema capitalista no puede funcionar sin solidaridad.

Y la idea de que la solidaridad tiene que venir impuesta es una falacia de nuevo del socialismo. Cualquier persona que haya hecho experiencia de una catástrofe natural habrá podido comprobar cómo la tendencia natural del ser humano es ayudar y ser solidario con sus congéneres y con las personas más cercanas, incluidas personas que no conoce de nada y no ha visto en su vida, como ocurrió con los ataques del 11-S, donde hubo muchas personas que arriesgaron su vida por otras que no conocían.

Por su parte, el socialismo trata de convencer a todo el mundo de que la naturaleza del ser humano es egoísta y malvada, y que la única manera de evitar el egoísmo y el mal inherente al ser humano está en la imposición de la solidaridad por parte de un grupo de élites políticas. Esto constituye una falacia, además de una inmoralidad, porque si partimos de la base de que el ser humano es malo por naturaleza, ¿cómo podemos creer que un grupo de seres humanos egoístas y malvados que toman el poder van a ser los que permeen de solidaridad la sociedad?

El ser humano, individuo libre, es mucho más solidario que la masa. De hecho, al convertir a la sociedad en masa, lo que hace el socialismo es precisamente empezar a convertir al ser humano en un daño colateral perfectamente asumible como, por ejemplo: "No hay suficiente grano para el invierno, dejemos que mueran 10 millones de personas. Total, son números", como decía Stalin.

En contraposición, el capitalismo sólo puede ser solidario. Si no es solidario, no funciona, porque el capitalismo, para que funcione, tiene que ser un sistema en el que la inmensa mayoría en su fuero interno y en su acción humana diaria perciba que hay un beneficio individual y colectivo. La razón por la que los ciudadanos escapan de estados socialistas, y por la que los estados socialistas ponen barreras para que sus ciudadanos no se vayan, es precisamente que en ellos no se da esa percepción. De hecho, la grandeza del sistema capitalista, mejorada por el ingenio humano y su capacidad de queja, le permite hacer muchas más acciones con muchos menos recursos. En pocas palabras, fomenta la productividad y eso ha hecho que no nos quedemos sin recursos.

En resumen, el capitalismo es la solidaridad. No hay nada más insolidario que el socialismo porque, de entrada, parte de la base de dos inmoralidades:

1) Negar la naturaleza humana inherentemente buena y solidaria.
2) Convertir al ser humano en un daño colateral de los objetivos políticos de la élite.

7. El covid-19 parece haber puesto a prueba la solidez de nuestras formas de organización política, social y económica. ¿Qué aspectos de estas formas de organización han quedado más dañados?

En primer lugar, es necesario subrayar que tras año y medio de pandemia no se han dado en el mundo problemas de desabastecimiento ni tampoco de hambruna. Además, hemos conseguido, no una ni dos, sino hasta seis vacunas contra el covid-19, un hecho insólito en nuestra historia.

Con esto quiero retomar el tema del presentismo del que dábamos cuenta antes: si nosotros pudiéramos traer del pasado a una persona de cualquiera de las pandemias que han tenido lugar en la historia, se quedaría perpleja ante nuestro alarmismo. El motivo de su perplejidad estaría en nuestra queja exhibida y exagerada por una pandemia en la que en menos de un año se ha desarrollado vacuna, en la que no ha habido desabastecimiento, en la que no ha habido hambruna, y en la que además todo el sector productivo se ha mantenido intacto.

Ahora bien, es muy cómodo para los políticos decirles a los ciudadanos que esta pandemia es lo peor que ha pasado en la historia. De este modo, los políticos han podido justificar sus malas decisiones ocultándolas bajo la apariencia de extrema gravedad de los acontecimientos que estábamos viviendo.

Pero vayamos al fondo: ¿Por qué se ha destruido la economía en el año 2020? No se ha destruido ni por un cataclismo ni por una devastación financiera. Se ha destruido la economía porque los políticos la cerraron por decreto basándose en una decisión política. De hecho, en cuanto la han reabierto, nos hemos recobrado hasta tal punto que el 80 % de los países de nuestro entorno se ha recuperado ya al 100 % de la caída del año 2020. Esto no tiene precedentes en la historia. No hay ninguna pandemia en la historia que no haya durado ocho, 10 o incluso 20 años.

Por eso, recalco la importancia de no exagerar por conveniencia política. La evidencia real es que las empresas y los sectores productivos se han adaptado maravillosamente a la pandemia. Y la realidad es que, el gran efecto negativo de la pandemia sobre la economía vino dado por las decisiones políticas. Empero, el gran efecto positivo sobre ella ha sido la decisión de reabrirla. En definitiva, si se obliga a la gente a encerrarse en casa, es normal que se destruya la economía.

Por otra parte, la idea de que el Estado ha protegido a los más desfavorecidos durante la pandemia no se ajusta para nada a la realidad. En primer lugar, porque lo que ha favorecido la ruina económica de muchas personas ha sido la decisión política de cerrar la economía. No hubieran sido necesarios los ERTE[1] en España si no se hubiera clausurado la actividad económica durante, no sólo uno, sino cuatro meses.

Es más, la concepción según la cual el Estado te está protegiendo de un problema creado por el propio Estado, por otra parte, es muy propia de los políticos. Si a un político se le dan poderes de emergencia, este va a buscar enfatizar la emergencia (sanitaria, climática, etc.) para, de este modo, incrementar sus poderes. En este sentido, cualquier pretexto es bueno para el político con tal de conseguir que los ciudadanos le otorguen más poder a cambio de ceder ellos su libertad y también su dinero.

Además, la evidencia de la falsedad de este Estado, aparentemente protector, la tenemos en los países que han salido mejor y con menos impacto de la pandemia. Por ejemplo, en Corea del Sur, Taiwán, EE. UU., etc., que con regímenes mucho

---

1 En España, se entiende por ERTE un Expediente de Regulación Temporal del Empleo. Se trata de un procedimiento administrativo mediante el cual el empresario puede suspender o reducir el contrato de sus trabajadores por causas económicas, técnicas, organizativas y de producción o de fuerza mayor, pasando estos últimos a recibir una ayuda proveniente del Estado.

más libres, con muchísima menos intervención del Estado y con muchísimo menos gasto, no solamente han salido antes de la crisis, sino incluso más reforzados.

Lo que pasa es que para el burócrata intervencionista resulta más cómodo subrayar el carácter imprescindible e insustituible de su ayuda (ej.: los ERTE) frente a los ciudadanos y las empresas ante un problema que —no olvidemos— el Estado mismo ha generado por sus decisiones. Es más, hay que matizar un asunto: los famosos ERTE no constituyen una ayuda del Estado, son una ayuda más bien de las empresas al Estado, porque un trabajador en ERTE le cuesta al Estado menos de la mitad que un trabajador en paro.

Por otra parte, se debe subrayar que las empresas no han necesitado ni necesitan ayudas. Lo que necesitaban, como se ha demostrado en Madrid, Irlanda, Luxemburgo y otros países, es que se les dejase trabajar. Por eso, están colapsando políticamente los que han aprovechado la pandemia para usar la imposición del intervencionismo en Argentina, en las elecciones en España. Es más, lo que ha demostrado ese intervencionismo no es que las ayudas hayan sido gratis, sino que, al contrario, se han cobrado y se cobran.

En este sentido, debemos entender, en primer lugar, que el Estado no rescata a nadie. El Estado vive y se alimenta del sector privado, sin éste, no se puede rescatar a nadie. Y, en segundo lugar, el Estado, cuando da ayudas, lo hace endeudándose con los ingresos del sector privado actuales y futuros. Por eso, el Estado no rescata a nadie, sólo se rescata a sí mismo y, por otra parte, no existe un sector público que genere ingresos *per se*. Hemos sido nosotros, los ciudadanos, como individuos libres, los que hemos decidido que haya un sector público, puesto que se trata de una decisión colectiva mantenida a lo largo del tiempo, pero ese sector público se mantiene con el 100 % de nuestros ingresos. Es por ello que el dinero del sector público no viene de la nada.

8. Usted está defendiendo el sistema económico capitalista como solidario y defensor de una naturaleza humana libre y eminentemente responsable frente a un sistema económico socialista, que sospecha de la naturaleza humana y que busca "la creación de un ser humano uniforme creado por ingeniería social". Esto hace que se vuelva "el sistema más insolidario de todos". ¿Podría ahondar más en esta idea?

Antes que nada, se debe tener en cuenta que el socialismo, tal y como hemos mostrado, es una imposibilidad económica, porque niega las bases de la naturaleza humana y niega las bases de la creación de riqueza. Frente a ello, uno de los pilares básicos del capitalismo es el ejercicio de la propia responsabilidad (la de cada uno), a la que se opone el socialismo. ¿Cómo? Atribuyendo todo el poder para cambiar y transformar las estructuras económicas y sociales a un grupo de una élite política, cuya actividad resulta mucho más impredecible y peligrosa para el conjunto de la sociedad.

De hecho, la visión de Gramsci a este respecto encaja con la creación de esa élite política basándose en el presupuesto de que, quienes cuentan con menos recursos, tienden a votar por posiciones conservadoras que no les dejan discernir sobre sus propias necesidades. Por ello, tienen que venir los intelectuales, muchos de ellos, hijos de gente rica, a decirles qué es lo que realmente necesitan y a señalarles aquello que precisamente no tienen. Esa es la tesis de Gramsci y, por otra parte, del populismo, propia de clases más favorecidas a las cuales las cosas les han venido dadas más fácilmente que a aquella gente trabajadora y emprendedora que ha luchado por levantar sus empresas y conoce de primera mano que la riqueza no es una idealidad que yo pueda manejar a conveniencia, sino que constituye el fruto de un trabajo serio, esforzado y responsable.

Y no sólo eso, el hecho de que esa élite política mantenga esta perspectiva socialista en su manera de entender la organización de la sociedad tiene que ver en el fondo con los incentivos, con sus propios incentivos. Muy poca gente vive mejor que alguien que está cerca del poder político en un sistema socialista. No hay más que mirar a Venezuela o a quienes están cerca de los Castro en Cuba. Por tanto, hay un clarísimo incentivo económico, que se refleja en los amplios beneficios que obtienen aquellos intelectuales que defienden las tesis socialistas. En suma, cuanto más tu posición ideológica esté cerca del poder político, más favorecedora se vuelve tu propia capacidad lucrativa.

En mi experiencia —y eso que me he dedicado al sector financiero, uno de los más lucrativos—, nunca he conocido a nadie que amase tanto dinero como lo han hecho muchos de los políticos de izquierdas. Y ello porque es enormemente lucrativo ser aparentemente antisistema y anticapitalista. En este sentido, hacer pobres a los demás constituye una actividad enormemente provechosa para aquel que la realiza. Además, tiene toda su lógica. Si uno mantiene un punto de vista económico extractivo, y en consecuencia si uno piensa que la riqueza es algo estático e inamovible, lo más razonable es la búsqueda del acceso al poder político para tener la mayor cercanía posible a esa riqueza. Luego, como esa riqueza es estática, lo que haya que repartir de esa riqueza podrá distribuirse conforme a sus propios criterios "igualitarios" ya planificados previamente. Pero la evidencia práctica no hace sino confirmarnos que el socialismo fracasa porque se basa en una postura inmoral, la cual considera que el robo, es decir, la sustracción de propiedad legítimamente conseguida, está justificado.

III

El significado antropológico de la conquista de América

Entrevista a Juan Eslava Galán

Resulta injusto achacar a la conquista de América y a la posterior colonización española los problemas que hoy vemos en la América hispana.

Hablamos con Juan Eslava Galán acerca de la importancia y las consecuencias antropológicas de la conquista de América. Juan Eslava es un importante escritor español del género histórico, tanto de ficción como de no ficción y ganador del Premio Planeta (1987).

1. ¿Cuáles fueron las motivaciones fundamentales de la conquista de América por parte de los españoles?, ¿en qué se fundamentó el derecho de conquista?

En realidad, Colón iba buscando un camino oceánico hacia la especiería y las riquezas de Oriente, pero se topó con la desconocida América. De acuerdo con la mentalidad de la época, el papa de Roma, como vicario de Cristo en la Tierra, era administrador de todo el orbe y unos años antes lo había repartido entre Castilla y Portugal (Tratados de Alcobaça y Tordesillas) con la condición de que podían señorear las tierras de paganos y explotarlas, pero a cambio deberían evangelizar a los nativos.

2. ¿Qué rasgos generales caracterizaron a los conquistadores que fueron a América?

En su inmensa mayoría iban a medrar y a enriquecerse. Hay que comprenderlos en su contexto. Castilla había terminado la conquista de la tierra peninsular en manos de los moros y en su cultura estaba la licitud de conquistar tierra y aprovechar sus recursos. Isabel la Católica, sin embargo, había advertido que los habitantes de las Indias eran sus súbditos, a los que había que proteger y había estimulado que los españoles se casaran con las indias. Desde el punto de vista teórico, las nuevas tierras eran provincias de Castilla.

3. ¿Por qué se dieron episodios de abusos hacia la población indígena?, ¿cómo fueron tratados por parte de la Corona española?

La Corona siempre procuró evangelizar y proteger a los indios, pero es evidente que con un océano de por medio y problemáticas comunicaciones, los colonos desobedecían estas leyes (Leyes de Burgos) y explotaban a los indios. Recibían la ley y decían: "Se acata, pero no se cumple".

4. ¿Qué papel jugó la Iglesia en el reconocimiento de la dignidad de los indígenas de América?

La Iglesia intentó mediar, a veces con escaso éxito, entre los colonos y sus indios sometidos. No obstante, hay que reconocer su intensa labor evangelizadora y la fundación de universidades, imprentas y reservas ejemplares como las misiones de los jesuitas.

5. ¿Por qué en la conquista española de América, frente a otras formas de conquista que se han dado en la historia, se favoreció el mestizaje?

Las autoridades españolas y los propios colonos españoles fomentaron los matrimonios mixtos. El mestizaje es ese producto.

6. ¿Hasta qué punto se puede hablar de una sinergia de culturas en la conquista de América?

Desgraciadamente para los europeos de aquella época la única cultura respetable era la cristiana, por lo tanto, había que erradicar cuanto se refiriera al paganismo y a los dioses de los indios. Por esa incomprensión se destruyeron culturas muy estimables.

7. ¿Qué significado o significados antropológicos aportó la conquista de América al mundo?

Aun reconociendo los muchos fallos y abusos causados por la conquista de América, si comparamos la acción de los españoles en los siglos XVI-XVIII con las colonizaciones de los otros países europeos en los siglos XIX y XX (ya después de la Ilustración), concluimos que la obra de los españoles fue infinitamente superior a la de estos pueblos. Es injusto achacar a la colonización española los problemas que hoy vemos en la América hispana. Después de doscientos años de la independencia, seguramente esas calamidades hay que atribuirlas a las elites criollas que han explotado desde entonces el territorio y al indio. Todo esto lo explico más extensamente en mi libro sobre el asunto (*La conquista de América contada para escépticos*).

IV

Las raíces antropológicas de la crisis religiosa en nuestra sociedad actual

Entrevista a Francesc Torralba

En nuestra cultura de masas, lo inmediato es lo primario, y como Dios no es una realidad inmediata, no hay interés explícito por Él.

Hablamos con Francesc Torralba Roselló sobre las causas de la pérdida del sentido de Dios en nuestra sociedad actual y las vías para su posible recuperación en la temática contemporánea. Francesc Torralba es un reconocido filósofo y teólogo orientado a la reflexión sobre aquellos temas que más afectan a la existencia humana (el mal, el sufrimiento, Dios, el dolor y el sentido de la existencia), también es catedrático de Ética en la Universidad Ramón Llull.

1. ¿Se puede colocar al mismo nivel o en paralelo la crisis de valores de la sociedad actual con la incapacidad del hombre contemporáneo para reconocer la presencia de Dios en el mundo?

En principio, no creo que haya que ponerlas en el mismo plano. Es más, si bien podemos constatar una crisis de los valores tradicionales en nuestra sociedad, también es posible experimentar la emergencia de nuevos valores, como la ecosensibilidad, los valores estéticos o incluso aquellos relativos a la salud, el deporte y la vida al aire libre, que están irrumpiendo ahora con mucha fuerza. Desde este punto de vista, sí que podemos comprobar una transformación o cambio axiológico muy profundo en nuestras sociedades.

Ahora bien, la realidad de este cambio axiológico se da en un plano distinto a la percepción que podamos tener acerca la incapacidad o ceguera del hombre contemporáneo para vislumbrar, acercarse o dejarse interrogar por la cuestión de Dios. Naturalmente que la pérdida de la vigencia de algunos valores tradicionales, sobre todo los religiosos, esto es, aquellos relativos a la relación personal con Dios (la oración, la contemplación, la meditación, la liturgia, la escucha de la Palabra, etc.), tienen que ver con este hecho. Pero también, aparte de que emerjan otros valores, tal y como hemos señalado, hay valores que se mantienen y siguen estando muy reconocidos, como la solidaridad, la responsabilidad, la transparencia, la equidad, por mencionar algunos. Es decir, a pesar del declive de los valores religiosos, hay otros valores éticos que se sustentan y defienden con ahínco en contextos y colectivos muy distintos.

2. ¿Cuáles son las causas principales de la pérdida del sentido de Dios en la sociedad actual?

Hay una serie de elementos que son claves y que dificultan la capacidad del hombre para trascender, ir más allá, o experimentar la ruptura de nivel ontológico que señalaba Mircea Eliade. Sólo apuntaré tres.

El primero de ellos es la velocidad, algo muy analizado por antropólogos como Hartmut Rosa, Paul Virilio o uno de mis maestros, Lluís Duch. La vida veloz o la vida híperacelerada hace muy difícil no sólo la tarea de pensar, sino la tarea de creer y vivir experiencias con hondura. De hecho, en mi opinión, la velocidad es destructora del pensar, destructora de la meditación, destructora de la contemplación. En este sentido, a mayor velocidad o aceleración, mucho más difícil resulta que tenga lugar la experiencia contemplativa, la apertura a la trascendencia, la interrogación por Dios.

Segundo, la cultura profundamente terciada por la inmediatez. En nuestra cultura de masas, lo inmediato es lo primario, y como Dios no es una realidad inmediata, el interés sólo se enfoca hacia lo inmediato y lo útil, dando lugar al triunfo del utilitarismo, que constituye a su vez el tercer elemento.

De tal modo que, si uno suma a la velocidad, la inmediatez y la búsqueda de lo útil por lo útil, el resultado es un muro compacto en el que el sujeto queda muy imposibilitado para toda experiencia de vértigo, de apertura, de abismo que conlleva de por sí la experiencia de Dios. En este sentido, si no encontramos la grieta o el intersticio por el qué penetrar o socavar este muro —el conformado por el bloque de granito de la velocidad, la saturación, la inmediatez y la cultura utilitarista— resulta muy difícil que hallemos el modo de ir más allá, de trascender, y de interrogarse por aquello que no es inmediatamente presente.

Eso significa que para introducir a Dios en la experiencia del hombre contemporáneo necesitamos esa grieta. Y a veces ésta se produce o acontece, ya sea a través de una enfermedad, ya sea a través de la contemplación del cielo estrellado (Kant) o simplemente cuando uno escucha la música de Bach, lee a san Juan de la Cruz, o cuando uno experimenta la dureza que supone la muerte de un ser querido. En estas ocasiones, la experiencia tan compacta del mundo que realiza el hombre de hoy se agrieta y empiezan las preguntas. Pero ésta es la clave: ¿Cómo agrietar un mundo donde cada vez somos más ciegos y más sordos a la llamada de Dios y al mundo de lo intangible, de lo divino, de lo espiritual, el mundo tres de Popper?

Esa búsqueda de la inmediatez tiene que ver en el fondo con la tesis de Kierkegaard según la cual el hombre está desesperado sin saberlo. De hecho, la peor desesperación es aquélla de la que uno no es consciente. En efecto, así lo señala Kierkegaard en su obra *La enfermedad mortal* (1849). Cuando uno es consciente de su enfermedad, puede poner remedio con un antídoto. Pero cuando uno no se da cuenta, permanece en la enfermedad o deja que la enfermedad se perpetúe en él.

En este sentido, quería señalar que lo que el hombre contemporáneo sufre hoy es una especie de desesperación por las cosas, por el tener, por el consumo, por el poseer en una velocidad cada vez más creciente y también por lo que llamaba Heidegger el afán de novedades. Todo envejece muy rápidamente. No hay espera. No damos tiempo, de tal modo que un objeto se gasta y aparece otro. Este ritmo vertiginoso de consumo hace muy difícil la apertura a la trascendencia, la apertura a la admiración, la experiencia filosófica, pero también la religiosa.

3. ¿La razón humana puede demostrar la existencia de Dios?, ¿debe intentar demostrarla?, ¿actualmente es la apologética la respuesta humana al problema de Dios?

Parto de dos supuestos antropológicos:

1) El ser humano es *capax Dei*, tal y como señala san Agustín, es decir, es capaz de preguntarse, de interrogarse en torno a la cuestión de Dios.

2) El ser humano experimenta un anhelo, un deseo de plenitud que no tiene realización en este mundo. Esta es la tesis del corazón inquieto.

Ambas tesis son profundamente agustinianas. A la luz de ellas, podemos señalar que hay una inquietud humana que no puede aquietar nada de este mundo. Como si hubiera una desproporción. Por otro lado, hay una capacidad de interrogarse, de ir más allá, de preguntarse por el fundamento, por la raíz, por la razón de ser de todo cuanto existe.

Ahora bien, a mí me parece que la palabra *demostrar* es una palabra excesiva. Si uno usa esta palabra como se utiliza en el ámbito de la matemática, de la lógica o de la física, no podemos hablar de una demostración estricta de la existencia de Dios, como si Dios pudiera ser demostrado del mismo modo en como se hace con un teorema.

Lo que sí me parece legítimo en torno a este tema es hablar de razonar, de persuadir, de hallar explicaciones que hagan cuanto menos inteligible, y además viable, la afirmación de un fundamento último. Por eso, me interesa más hablar de vías en el sentido preconizado por santo Tomás de Aquino. Esas vías resultan caminos que nos permiten persuadir, argumentar, tratar de comprender que la afirmación de Dios no es un absurdo, esto es, que la afirmación "Dios existe" no constituye un absurdo.

Pero para persuadir a un agnóstico, ateo o indiferente de esta no absurdez de la existencia de Dios, resulta imprescindible la cadena de razones, la cadena de argumentos que uno puede esgrimir, pero jamás me atrevería hablar de una demostración de Dios en el sentido en la cual la esgrimen las ciencias de la naturaleza, de la matemática, de la física o de la biología.

4. Hoy en día muchas personas perciben la realidad de Dios como opuesta a su propia realidad. A este respecto, ¿cómo no llegar a percibir la trascendencia de Dios como una amenaza para la autonomía de la voluntad?

Poniendo en crisis la imagen preconcebida que tiene Dios este u otro interlocutor. Me he encontrado con muchas personas que niegan la existencia de Dios porque entienden que Dios es un objeto hostil o un impedimento o muro para su libertad o autonomía, esto es, a su expansión como sujeto o ser humano en el mundo.

Pero ante esta actitud yo siempre me planteo y propongo la siguiente cuestión: ¿Qué imagen tiene aquella persona en la mente de Dios cuando dice esto? Porque lo que hay poner entre paréntesis (es decir, hacer *epojé*) es esta imagen de Dios que se ha formado la persona en cuestión.

Si partimos de la idea de que a Dios jamás nadie lo ha visto nunca, que Dios trasciende nuestras categorías, que de Dios sabemos más aquello que no es que aquello que realmente es (teología negativa), que de Dios no hay concepto posible que exprese su inmensidad, yo sería especialmente cauteloso a la hora de decir que Dios niega mi autonomía como sujeto. A este respecto, resulta interesante plantearse la pregunta por la imagen de Dios y el modo en cómo se ha generado esta imagen.

Sin duda resulta relevante en este punto el contraste entre Nietzsche y Kierkegaard. Nietzsche tiene que matar a Dios porque si hay Dios, el hombre no puede crecer, llegar a ser lo que está llamado a ser. En cambio, para Kierkegaard, es lo contrario: si muere Dios, muere el hombre, porque Dios es su fundamento, su sustento, su energía vital que le ensancha y actúa como fuerza motriz intrínseca de su existencia.

En este sentido, lo interesante es ver por qué una imagen de Dios lleva a la negación de la libertad y la otra lleva precisamente al reconocimiento, al fortalecimiento, al empoderamiento de sí. Frente a ello me pregunto cuál es la más adecuada. La respuesta para mí es clara: hay que ir a la Palabra de Dios. Cuando Dios se revela, ¿qué dice de sí mismo? Si dice que es amor, tengo que interpretar que quien me ama, no me va a limitar, ni me va a coartar, sino todo lo contrario: desea mi plenitud y mi desarrollo integral.

Por tanto, a mi modo de ver, frente a esta disyuntiva, Dios o libertad, mi primer interrogante es: ¿cuál será la imagen que tiene una persona que ve en la realidad de Dios un obstáculo para el desarrollo pleno de su ser? Porque, honestamente, he de decir que yo llego a una conclusión opuesta a semejante valoración.

5. ¿Cuáles de las ideas que nos formamos de la realidad dependen de nuestra relación con el Absoluto?

Yo parto de la concepción de que cuanto uno conoce más a Dios, más conoce la obra que ha creado. Esto es, si uno parte de la idea de que el mundo, la realidad, todo cuanto observamos, vemos y tocamos es obra de Dios, uno comprende mejor a su Autor, Creador, de tal manera que uno es capaz de comprender mejor la lógica y la forma que tiene esa realidad que Él ha creado.

En este sentido, la teología, cuyo fin es comprender la naturaleza de Dios, debería conducirnos a una comprensión mucho más fina, adecuada y rigurosa de la realidad que nos circunda, pero también de la realidad humana, puesto que el ser humano, como apunta el Génesis, es creado a imagen y semejanza de Dios.

Pero también esto es válido en un sentido inverso al propuesto. Cuanto mejor conozco la obra, mejor conozco a su Creador. Por tanto, en la medida en que uno explora a fondo la naturaleza que le rodea, también va conociendo mejor a su Creador. De modo análogo esto ocurre, por ejemplo, con la obra de un artista o de un escritor. Si uno conoce bien la obra de Kafka, uno se atreve más a decir cómo sería Kafka: su personalidad, su interioridad, su enigma y unicidad.

En suma, yo creo que la teología debería ayudarnos a comprender mejor la obra de Dios, la naturaleza, pero a la vez, el estudio de la naturaleza debería llevarnos también a comprender mejor la naturaleza de su Creador.

6. Si bien podemos vislumbrar en el ser humano dimensiones abiertas a la trascendencia, ¿qué aspectos del ser humano son opacos a la realidad de Dios (esto es, no se dejan afectar por ella)?

El mal, la crueldad, la humillación, el odio, la vejación, la explotación de seres humanos. Todo lo que representa la negatividad, la sombra, en palabras de Jung, las oscuridades del mundo es lo que se opone radicalmente a la naturaleza del Bien supremo, de la Belleza Suprema y eso está en el mundo. Los infiernos ya están en el mundo. No es algo que tengamos que esperar, sino que ya existen, tal y como apuntó acertadamente Juan Pablo II.

De esta suerte, así como la realidad más pequeña —como la de un insecto—, hasta la realidad más compleja y elevada del mundo —como la persona humana—, reflejan y transparentan a Dios (son sacramento incluso), del mismo modo, el mal, la crueldad, el odio y la destrucción que también acontece en el mundo hacen opaco, completamente imposible, el acercamiento a Dios, porque constituyen su opuesto.

A este respecto la pregunta es: ¿cómo es posible que el mal se dé en el mundo? La respuesta a este interrogante es que los seres humanos hemos sido creados libres, y esta libertad se puede ejercer para construir el bien, la belleza y la unidad, así como buscar la verdad; pero esa libertad también se puede ejercer buscando la destrucción, la aniquilación. Caín mata a Abel. Es cierto en este sentido que podría no haberlo matado.

Pero la realidad es que Dios crea a un ser humano libre, no un teatro de títeres y el ejercicio de esta libertad irresponsable contribuye a la construcción de este universo oscuro que constituye la opacidad al misterio de Dios, donde no hay posibilidad de entreverle en esa oscuridad tan oscura e impenetrable.

Es más, existe la posibilidad de una libertad que se haga absolutamente opaca al misterio de Dios y se empodere absolutamente de sí. Esa posibilidad existe. Otra cosa es que nosotros podamos indicar en quién se ha dado semejante opacidad. Igual el infierno está vacío. Pero lo que está claro es que existe la posibilidad de una cerrazón absoluta.

Kierkegaard describe esto muy bien en su obra *El concepto de la angustia* (1844) cuando habla de lo demoníaco, que compone la cerrazón absoluta frente al Bien. Esto constituye para el sujeto una especie de encriptamiento en la oscuridad, de tal modo que uno se resiste intencionalmente y de manera persistente a recibir la luz, la curación, la sanación. Repito. Esta posibilidad existe. Si no, la libertad no es real. Así, la libertad es tanto para el bien como para el mal, es tanto para la construcción como para la destrucción. Por eso, existe la posibilidad de quedar encerrado en el propio infierno.

Y, sin embargo, lo que Dios ofrece, porque es amor puro, es la liberación de estos infiernos que construimos. Pero uno debe querer liberarse, querer salir. Si uno se encierra en sí mismo, no hay forma de entrar.

7. ¿Es necesario el encuentro con los demás para llegar a hacer una experiencia real de Dios o, por el contrario, la experiencia de Dios reclama absolutamente a la conciencia para que ésta recapacite acerca de su carácter absolutamente singular?

Como deja traslucir la pregunta, efectivamente existen dos vías de acceso tradicionales al misterio de Dios:

1) La vía que parte de la contemplación de la naturaleza y particularmente del otro como mediación para tener experiencia de Dios. La vía del otro, la naturaleza, la belleza del mundo, el bien, la experiencia de la solidaridad, del amor incondicional, de la gratitud.

2) Pero hay otra vía: la vía más íntima, la de la indagación interior. Ésta consiste en buscar y darse cuenta a partir del propio yo de que en lo más íntimo de mí mismo (san Agustín) se encuentra el maestro interior (Dios). Esto constituiría el reconocimiento de una interioridad habitada tal y como lo he señalado en un libro mío titulado así.

Efectivamente se dan estas dos vías, basadas en dos sensibilidades. O bien Dios se puede hallar en lo más íntimo de mí mismo, o bien Dios se puede hallar a través de las realidades del mundo, en la medida en que son consideradas obra, creación y reflejan algo análogo a su creador.

Yo creo que en el mundo, tal y como se encuentra hoy, la vía que resulta más difícil de transitar a la hora de acceder a Dios constituye la vía exterior. Y ello por la sencilla razón de que el ciudadano normal tiene la impresión de que el mundo constituye un caos, de que el mundo está saturado, de que la fealdad lo ocupa todo. Especialmente esta impresión la tiene el ciudadano urbano que habita las grandes ciudades. Es difícil percibir la belleza, la *via pulchritudinis* en semejantes entornos. Y no hablemos ya de la relación con el otro, que en muchos casos está marcada por la agresividad, por el conflicto, por la tensión. En estos ambientes el prójimo no constituye un don, sino que aparece como el enemigo, el contrincante, el opositor que me genera miedo.

En este sentido, en un contexto y mundo tan caóticos, la vía interior se presenta como la solución: la vía de la indagación interior, la exploración interior, y el reconocimiento de que en lo más hondo de mí mismo hay algo, Alguien que me convoca, me llama, me suscita, me inquieta, me espera, y que establece un diálogo amoroso conmigo. Yo creo que esta vía es mucho más transitable hoy que la vía exterior.

Ello no quiere decir en ningún caso que ambas vías sean opuestas o hayan de excluirse mutuamente. De hecho, a mi modo de ver, se hallan íntimamente relacionadas. Dos ejemplos nos pueden servir aquí: el de san Francisco de Asís y el de san Agustín. Para San Francisco de Asís, todo revela a Dios, transparenta a Dios tal y como aparece recogido en el Cántico de las Criaturas. Por otra parte, para san Agustín, el camino de acceso a Dios es ir hacia dentro porque dentro habita la verdad, tal y como aparece reflejado en *Los Soliloquios* de san Agustín. En todo caso, una vía no excluye a la otra. Hay un infinito dentro y un infinito fuera. Hay quien indaga hacia fuera y se hace preguntas (el científico, el cosmólogo, etc.) y hay quien indaga hacia dentro (el psicólogo, el psicoanalista, el antropólogo, etc.) y también se hace preguntas.

8. ¿En qué sentido el amor puede convertirse en la respuesta humana al problema de Dios en un mundo que en su propio dinamismo existencial parece estar fuera de control, sujeto y objeto de males sin cuento y sin respuesta?

En este punto para mí la fuente de inspiración es Kierkegaard en una obra cuyo prólogo fue realizado por el doctor Miguel García Baró, a saber: *Las obras del amor.* En ella, se dice que el amor es subterráneo e intangible. Es más, el amor no es visible como sí lo es un vaso, una puerta o un árbol, pero aun así, como dice Kierkegaard, es lo que hace que la vida merezca la pena ser vivida. Kierkegaard llega a decir que, si no pudiéramos amar o ser amados, no merecería la pena vivir. Por lo tanto, la pregunta clásica por el sentido de la vida tiene su respuesta en el amor, en el amar y ser amado.

Pero ¿qué tiene que ver esto con Dios? La respuesta es clara: mucho. Y ello es así porque en el fondo si decimos que Dios es amor —véase la definición de Dios de la primera carta de Juan (1 Jn, 4:8)—, no cabe duda de que el ser humano, en cuanto imagen y semejanza de Dios, debe ser también un reflejo de ese amor. Ello quiere decir lo siguiente: cuanto el ser humano más sea capaz de amar y de amar bien, más se parece a su origen y fuente creadora. En cambio, en la medida en que el hombre practique lo contrario al amor (la crueldad, la humillación, el odio, la vejación, la violencia), más opaco y lejano se vuelve uno con respecto a su fuente originaria.

Por ello, creo que sí, que tiene que ver el amor con la respuesta humana al problema de Dios, porque de hecho el camino para conocer a Dios es amar a tu prójimo. Quien ama, conoce a Dios, porque Dios es amor. Quien no ama o ama mal o se ama sólo a sí mismo, está en la ignorancia absoluta de Dios, porque Dios es amor. En este sentido, la *via amoris* es la fundamental, que fue precisamente la que desarrolló san Juan de la Cruz.

En suma, cabe la posibilidad de articular un discurso sobre Dios incluso en nuestro tiempo si partimos de esta necesidad fundamental de todo ser humano de amar y ser amado y si entendemos que Dios es la fuerza que nos lleva a amar y amar desinteresadamente, caritativamente al otro.

V

Relaciones personales en el seno de la familia

Entrevista a Laura Rojas Marcos

Con respecto a cuál sea la emoción pilar y fundamental que se enseña en la familia y nos ayuda a crecer, he de apelar a una: la confianza.

Hablamos con la doctora Laura Rojas Marcos acerca de los modos de abordar la complejidad en el seno de las relaciones familiares hoy. Laura Rojas es una reconocida psicóloga, especialista en trastornos de ansiedad, estrés y depresión y considerada como una de las 100 mujeres españolas más influyentes.

1. De las emociones que se aprenden en la familia, ¿cuál sería aquélla más fundamental, la que serviría de base para la constitución de la propia personalidad?

Partimos de la idea de que el entorno familiar constituye el primer escenario donde vamos desarrollando y descubriendo nuestra manera de ser, nuestras habilidades, nuestros vínculos, nuestros apegos, etc. Debemos reseñar, en primer lugar, que la familia es también el lugar donde aprendemos a sentir tanto emociones positivas como negativas.

Con respecto a cuál sea la emoción pilar y fundamental que se enseña en la familia y nos ayuda a crecer —teniendo en cuenta que hay muchas—, he de apelar necesariamente a una que resulta crucial: la confianza. ¿Por qué? Porque cuando uno confía, siente confianza y siente que confían en él, es capaz de crear vínculos sanos, además de una sana confianza en sí mismo que le permite tanto conocerse mejor, como conocer mejor a los demás. Por eso, cuando se habla de ese "paraguas" de la confianza, de ese pilar fundamental de los vínculos de apego de naturaleza primaria, es precisamente en y desde ese "paraguas" desde el que descubrimos quiénes somos, qué queremos y cuáles son nuestras habilidades. En definitiva, se trata de lo que viene a llamarse, en términos más especializados, el autoconcepto, a saber: cuáles son las características o cualidades que me definen. Del autoconcepto que nos formamos de nosotros mismos se deriva la autoimagen, así como la autocapacidad, esto es, el hecho de confiar en mis capacidades y en mi autoeficiencia a la hora de poder tanto realizar como llevar a buen término una acción determinada.

Por su parte, en la confianza se encuentran también los afectos, sobre todo, el respeto. Uno no puede confiar en alguien en quien uno siente que no lo respeta. Confianza y respeto se encuentran estrechamente vinculados a este respecto.

Pero en la confianza también se halla o se descubre la empatía, esa conexión emocional que parte del hecho de uno sentirse comprendido para poder así empatizar con los demás pero, sobre todo, consigo mismo. Uno es más amable consigo mismo cuando siente confianza, y es a partir de esa confianza donde podemos no solamente fluir, sino también ser autónomos, valernos por nosotros mismos, ser capaces de tomar decisiones, de hacer y deshacer, de descubrir cuáles son nuestras necesidades y deseos, y también de asumir nuestras obligaciones, porque no todo va de derechos, sino también de deberes.

Incluso, a partir de esa empatía aprendida en y por la confianza, uno puede aprender a perdonar los errores. Desde esa confianza, uno asume y da por hecho que no somos perfectos. De hecho, somos seres imperfectos que cometemos errores, que nos equivocamos, que tropezamos varias veces con la misma piedra, que tenemos un proceso de crecimiento, de evolución y todo ello forma parte de un aprendizaje. Pero para poder aprender necesitamos confiar. Es más difícil aprender a través del miedo que aprender a través de la experiencia que se nos da mediante el juego. Por eso, es tan importante que los niños jueguen, pero no sólo los niños, sino también los adultos; porque es en el juego, un juego sano, donde se utiliza la creatividad, la imaginación, la posibilidad, el aprender de la prueba y el error y sobre todo de la diversión. Desde un lugar divertido, ameno, agradable y seguro uno aprende muchísimo mejor y no sólo esto, sino que desde ahí aprendemos el maravilloso proceso de aprender a aprender.

Hay muchas personas que dan por hecho que uno debería ya saber determinadas cosas. Sin embargo, esas personas obvian un dato importante: nacemos sin saber, esto es, con el potencial de aprender, de mejorar y de desarrollarnos. Es más, tenemos que aprender a aprender y no caer en aquellas tiranías de los deberías.

2. Hoy en día las familias afrontan múltiples cambios, situaciones de vulnerabilidad que ponen a prueba la convivencia en el propio seno familiar. ¿Cuáles constituyen en la actualidad y para usted esos cambios más nocivos, esto es, los que ponen en peligro el libre desarrollo de la convivencia familiar?

Si partimos de la idea de que la vida es cambio y el cambio es vida, podemos llegar a decir que el sistema familiar no está exento de esta peculiaridad (la del cambio) en la que se desenvuelve toda vida humana. De hecho, es un sistema que está cambiando continuamente, porque se compone de seres humanos con emociones, sentimientos, estados de ánimo, deseos, frustraciones, miedos, inseguridades, etc. Todo ello va a influir en la dinámica familiar, en el trato y en el hecho de cómo nos relacionamos y construimos los apegos.

En cuanto a las dinámicas o emociones más perjudiciales para el sistema familiar, podemos situar la violencia, la agresividad. Nótese que la violencia tiene muchas formas. Pero en todo caso, la violencia, la agresividad, la actitud o conducta agresiva siempre van a perjudicar la convivencia familiar.

Y a pesar de que la ira, la rabia y la frustración forman parte de ese abanico de emociones del ser humano, lo cierto es que la violencia también forma parte de nosotros, esto es, nuestras respuestas violentas o agresivas. Es cierto que a veces nos sentimos agredidos y necesitamos defendernos. Esa necesidad de defenderse, de protegerse a uno mismo (incluso físicamente) ante una agresión es importante, sobre todo en los casos en los que uno no puede ya resolver la situación hablando.

Por otra parte, dentro de la agresividad podemos encontrar muchos tipos. Está la agresividad verbal, pero también la no verbal. A veces una mirada puede destruir a una persona, porque llega de alguna manera a traslucir un mensaje de rechazo, de odio o de desprecio. También se puede castigar a alguien o bien con el silencio, o bien con el chantaje emocional, o bien con la humillación, o bien desde el acoso. De hecho, todas esas formas de violencia siempre destruyen, paralizan e impiden un crecimiento saludable, sano y adecuado para poder desarrollar la confianza.

3. En el seno de la familia a veces se producen o bien actitudes, o bien comportamientos injustos, ¿cómo afrontarlos o asumirlos de una manera emocionalmente equilibrada?

El primer paso para afrontar o asumir las injusticias en el seno de las relaciones familiares es identificar la injusticia. Generalmente lo que nos ayuda a identificar un acto injusto, ya seamos quienes lo estamos sufriendo o quienes somos testigos de ese acto injusto, es el sentimiento de malestar que acompaña la vivencia de dicho acto y el hecho de saber identificarlo.

Al identificar esa injusticia, es importante llamarla por su nombre, porque hay muchos tipos de actos injustos, al igual que hay muchos tipos de miedo (a la muerte, a la oscuridad, a las alturas, etc.). Cuando uno es testigo, está siendo injusto o es víctima de injusticia, resulta imprescindible el hecho de decirlo, de hablar tratando de identificar la situación.

A partir de ahí, lo ideal es que se inicie un diálogo para poder resolver la situación de una manera civilizada, pero si las condiciones no se dan y se hace gala de conductas agresivas, lo mejor es la distancia, porque uno no puede ni debe aceptar para sí mismo aquello que resulta inaceptable.

También se puede probar el hecho de pedir ayuda para conseguir esa comunicación, aunque es cierto que en las dinámicas familiares se hace a veces muy difícil empatizar o ver el punto de vista del otro. De hecho, en ocasiones resulta necesario, por un lado, aceptar que no podemos estar de acuerdo en todo y, por otro lado, tener en cuenta lo que el otro siente al respecto de esta o aquella situación, aunque uno no lo comparta.

De ahí que el papel de la asertividad sea muy importante, porque una persona que es asertiva sabe poner límites, sabe decir que no, sabe defenderse y protegerse, pero no solamente a sí mismo, sino también a otros. Muchas veces debemos adoptar la postura de defender y proteger a otros, sobre todo cuando ellos no se pueden proteger a sí mismos. Es más, el hecho de ser testigo de injusticias o agresiones y no hacer nada, aunque sólo sea pedir ayuda, contribuye directamente en la actitud de no proteger a los demás de aquello que resulta inaceptable, aunque muchas veces el miedo paralice.

4. ¿Qué carencias antropológicas revelan aquellas familias que tratan de mantener y establecer relaciones posesivas entre sus miembros?

En primer lugar, debemos notar que la naturaleza del ser humano es territorial y posesiva. A este respecto, el ser humano comparte con todo animal la búsqueda de su terreno de seguridad, de su zona de confort y de protección. Recordemos cómo, dentro de la pirámide de las necesidades básicas de Maslow, la seguridad y el bienestar constituyen aspectos básicos.

En las dinámicas familiares hay una parte que consiste en el hecho de estar integrado, de pertenecer a un grupo en el que uno se siente incluido o excluido, esto es, donde se desarrolla un sentido de pertenencia. Pero también hay otra parte que pivota en torno a los papeles o roles que juegan cada uno de sus miembros. Lo cierto es que en la familia el papel de cuidadores lo suelen ostentar los adultos, que tienen una responsabilidad de cuidado y protección hacia otros en el sistema familiar, sobre todo, cuando hay niños pequeños.

Pero ¿qué sucede cuando un miembro de la familia es muy controlador o autoritario? Nótese que este papel lo pueden ejercer el padre, la madre e incluso los hijos. De hecho, hay un libro muy interesante de Javier Urra que se titula *El pequeño dictador*. En él se habla de aquellos hijos que controlan toda la dinámica familiar. En todo caso, cuando hay un miembro que es muy controlador y que hace chantaje emocional o chantaje de cualquier tipo y de alguna manera usa el miedo o la culpa para controlar a los demás, hay algo ahí que no va bien, que no fluye. Es más, la tendencia humana en esos casos es querer separarse, huir de semejante persona. Uno no se quiere relacionar con personas así y esto es lógico, pues el ser humano busca poner distancia con aquello que le hace daño. Constituye un instinto básico.

Ahora bien. ¿qué hacer ante esas situaciones? Yo siempre he sido partidaria de hablar las cosas, una vez identificado el problema. A veces, debemos tener en cuenta que son necesarias no sólo una conversación sino varias, y en ocasiones resulta imprescindible pedir ayuda a una tercera persona, alguien de confianza, ya sea familiar, amigo externo o un profesional, y a partir de ahí tomar decisiones. Pero la solución en ningún caso consiste en vivir cohibido bajo una espada de Damocles, desde el miedo, la angustia y aferrado al temor a las consecuencias, pues es cierto que la familia no la elegimos. De hecho, todos nuestros familiares son, al fin y al cabo, lo que yo he llamado los no elegidos.

5. ¿Es posible que una persona pueda llevar a cabo la construcción de un sentido personal de vida a pesar de haber vivido en una familia eminentemente tóxica?, ¿cómo?

Sí se puede reconstruir, trabajar o construir de cero. Lo ideal es que eso acontezca desde la infancia, pero lo cierto es que no todo el mundo crece en entornos favorables. De hecho, muchísimas personas crecen en entornos hostiles y agresivos, donde la confianza no se desarrolla adecuadamente, los apegos son inseguros y hay mucho miedo.

Ahora bien, no hay que olvidar que esas personas, a pesar de todo ese sufrimiento e incluso en esos entornos, aprenden a desarrollar estrategias de afrontamiento y mecanismos de defensa para protegerse, porque ahí precisamente surge el instinto básico de supervivencia. Con el tiempo, el niño que ha vivido en un entorno así se hace adulto, y con ello desarrolla la posibilidad de trabajar sobre ese sufrimiento y albergar en sí mismo —con ayuda, esfuerzo y compromiso— la esperanza de poder desarrollar aquello que de pequeños no pudieron, ya sea porque no se les permitió o porque no se les dio la posibilidad. Nunca es tarde para mejorar, para querer entender, para desarrollar o para pasar página y encontrar la paz y la serenidad.

6. ¿Cuál y cómo es el lenguaje del amor en la familia?

El lenguaje en la familia debe ser respetuoso, claro, directo y amoroso. Todo ello llevará a la confianza, a la empatía, a tener una buena comunicación, a saber resolver los conflictos, dado que en la familia siempre va a haber conflictos y ello porque el ser humano también vive en conflicto consigo mismo. En este sentido, el lenguaje familiar (claro, directo, respetuoso y amoroso) puede ayudar a gestionar y resolver conflictos, a desarrollar herramientas y recursos personales (internos y externos) para controlar los impulsos, confiar en uno mismo, tener un propósito en la vida (sea cual sea), poder crecer, sabiendo que la mayoría de las cosas son cambiantes y mejorables.

El tener esas herramientas o recursos para poder adaptarse y gestionar los cambios también da luz y esperanza, además ayuda no sólo a contribuir a tener una mejor vida para uno mismo, sino también para el entorno.

7. ¿Cómo ayudar a que en los miembros de una familia se viva y se practique la virtud de la esperanza?

La esperanza es esencial. Pero es necesario para mí creer en una esperanza realista, objetiva consistente en mirar el mundo y a uno mismo con los ojos limpios desde la sinceridad y la honestidad, adoptando la perspectiva más objetiva que nos sea posible, y considerando también que somos seres subjetivos.

En este sentido, para la esperanza resulta clave y muy interesante la teoría de Martin Seligman acerca de los estilos explicativos. Ésta consistente en el hecho de cómo me explico a mí mismo o a otros por qué sucede lo que sucede. A este respecto, la manera en cómo nos explicamos las situaciones positivas o negativas que nos suceden influye directamente en la esperanza.

También ejerce una influencia determinante en la esperanza la experiencia vital: el cómo has aprendido a conseguir tus objetivos y la motivación que has desplegado para llegar a cumplirlos. ¿Has aprendido a conseguirlos o a no conseguirlos?, ¿confías en ti mismo?, ¿confías en tus recursos?, ¿has desarrollado esas habilidades para acercarte a ellos? Porque es cierto que en la vida muchas veces no conseguimos lo que nos proponemos. Es más, en ocasiones nos hacen falta muchos intentos e incluso a veces llegar a la conclusión de que no podemos seguir o conseguir ya ese propósito. De hecho, en esas ocasiones lo valiente es dejar de intentarlo y cambiar de ruta. Cambiar de ruta es de valientes. Constituye en esos casos una decisión inteligente. A este respecto no se debe dejar que el ego, el narcisismo o el "qué dirán" jueguen un papel importante en nuestras decisiones.

8. La familia es el ámbito de las relaciones incondicionales, pero ¿cómo aprender en ella la práctica de la donación incondicional?

La incondicionalidad absoluta no existe. Y a veces tampoco se puede llegar a decir del todo que una madre siempre va a querer incondicionalmente a su hijo o hijos, porque el ser humano de por sí no es incondicional. Es cierto que deseamos esa incondicionalidad, que queremos que nos quieran en todas nuestras formas y maneras, a pesar de nuestros defectos, debilidades, vulnerabilidades, pero el amor incondicional constituye algo más bien utópico.

Ahora bien, lo que sí puede decirse es que hay personas que quieren muy bien y que pueden llegar a resultar bastante incondicionales. Pero la incondicionalidad de un amor, a pesar de todo y contra todo (incluso desarrollado en ámbitos de violencia) no es admisible ni tampoco real, debido a que en la vida, ante determinados actos, existe una serie de consecuencias. De hecho, el reforzamiento positivo o negativo tiene un papel importante en la consecución de nuestros vínculos. Es más, ante una situación de maltrato, ni el maltratador ni la persona maltratada pueden esgrimir la incondicionalidad del amor como argumento para mantener el vínculo, porque ello quiere decir que en el seno de esa relación algo no está funcionando. En este sentido, la respuesta a un maltrato nunca puede ser un amor con tintes incondicionales.

VI

La desinformación y su influencia en el hombre

Entrevista a Manuel Campo Vidal

El convencimiento de que informar correctamente con fidelidad a la verdad es fundamental en el ejercicio de la labor periodística.

Hablamos con Manuel Campo Vidal acerca de las claves de la desinformación y las posibilidades de la comunicación actual en medio de la revolución tecnológica y la difusión de *fake news*. Manuel Campo es un reconocido periodista y presentador, antiguo presidente de la Academia de las Ciencias y de las Artes de Televisión en España, además de directivo de las principales cadenas televisivas españolas.

1. ¿Asistimos hoy a una sociedad más desinformada que en épocas pasadas?

Noticias falsas, o desinformación, ha habido siempre. Había desde el punto de vista oral, había cuando surgieron los periódicos, las radios y las televisiones y ahora se ha introducido en la información transmitida por redes sociales.

Ahora bien, ¿cuál es la diferencia en términos de desinformación entre las épocas pasadas y la época actual? La diferencia es que ahora los ciudadanos tenemos en nuestras manos unos aparatos electrónicos que nos permiten emitir informaciones y no solamente recibirlas, tal y como ocurría antes. Ahora cualquier persona se puede convertir en emisora de una noticia correcta, de una perversidad, de una desinformación, etc. Esa es la diferencia más sustancial.

Para agravar todavía más la situación, han aparecido no solamente las redes sociales (que, por supuesto, tienen grandes virtudes también), sino que han irrumpido elementos tecnológicos que pueden acelerar los procesos de transmisión de la información. Esa es la figura de los bots que manejados mediante el uso de perfiles falsos pueden condicionar el río de información que fluye diariamente por las redes sociales y ejercer un efecto multiplicador de la falsedad que se canaliza a través de ellas. Y ello debido a que los bots normalmente no se emplean para definir noticias verdaderas basadas en hechos verídicos, sino que se usan para el desprestigio y para la desinformación en general. Esa es la gran diferencia entre el antes y el ahora de la información.

2. ¿Las nuevas tecnologías ayudan a una transmisión más eficiente de los contenidos informativos o, por el contrario, trivializan el acto comunicativo?

Las tecnologías ayudan a la comunicación. El problema surge cuando sustituimos a una persona en la emisión del acto comunicativo por una máquina multiplicadora que actúa incluso a través de perfiles falsos. Entonces ese recurso sí que es perverso. Pero, en principio, yo no veo nada negativo en el hecho de que las personas puedan tener una capacidad de comunicación desde sus propios dispositivos personales.

3. ¿Cuáles son los elementos esenciales que configuran la realidad de la comunicación?

Un acto comunicativo siempre es humano si lo emite una persona. No importa que lo haga directamente o a través de una persona. Siempre hay una persona que emite y el sujeto receptor de esa comunicación también es otra persona. Por lo tanto, el acto comunicativo es siempre humano.

Otra cuestión es que dicho acto comunicativo sea más eficaz, es decir, que tenga mayor capacidad de incrustarse en la huella de la memoria de las personas que nos escuchan. Y eso tiene que ver con la capacidad de conexión entre el emisor y el receptor.

Uno de los errores principales que se cometen a la hora de comunicar es que el emisor no tenga suficientemente en cuenta al receptor, de tal modo que el emisor no llegue a considerar necesario el hablar de modos diversos según el ambiente en que se encuentre. Sin embargo, resulta imprescindible para una comunicación positiva que tengamos en cuenta no solamente a quienes nos van a escuchar, sino también el estado en que se encuentran en relación con nosotros y el estado emocional en el que se hallan ellos mismos.

En este sentido, hay que escuchar al emisor, y hay que escucharlo antes de comenzar a hablar para saber también qué espera de nosotros, qué expectativas tiene. Con todo este acercamiento realizado por parte del emisor, uno humaniza más el proceso comunicativo y lo hace más eficaz, no solamente por la elocuencia de quien está comunicando, sino también por la proximidad a las necesidades emocionales, o al estado emocional de la persona a la que nos estamos dirigiendo.

4. ¿Qué es más importante a la hora de comunicar: ser objetivo o convencer?

Es absolutamente fundamental tratar de ser objetivo, aunque teniendo en cuenta que la objetividad no existe. Pero si uno no es objetivo, si uno toma partido, es muy probable que tu credibilidad se resienta. Por lo tanto, si no tienes credibilidad, si no te escuchan, si no cree en ti la persona que está recibiendo tus mensajes, es muy difícil que la puedas convencer.

Es por ello que, si desde el primer momento, una persona desconfía de un emisor porque no le ha generado la confianza suficiente, como es lógico, no podrá convencerla de ninguna manera.

5. ¿Qué importancia o peso específico ha de tener la búsqueda de la verdad en el ejercicio periodístico?

Yo creo que informar correctamente con fidelidad a la verdad constituye algo fundamental en el ejercicio de la labor periodística. Si no, cuando hablamos de tarea periodística, estamos hablando de otra cosa: de propaganda, en concreto.

Es más, el periodista tiene el deber deontológico de informar correctamente, aunque ya sepamos que la objetividad pura no existe. Pero ello no quiere decir que no sea fundamental acercarse a los hechos y comprobarlos.

De hecho, me sorprende negativamente que hoy en día encontremos a muchos periodistas que debieron faltar a clase el día que enseñaron que es necesario comprobar las noticias, acudir a una segunda fuente e incluso, si la noticia tiene mucha trascendencia, a una tercera para poder tener bien asegurada la certeza de lo que se está transmitiendo.

En este sentido, un periodista o un medio de comunicación que no respete la verdad, obviamente está vulnerando cualquier compromiso deontológico y están prestando un mal servicio a la sociedad.

6. ¿Cómo puede hoy el periodismo y los periodistas combatir la proliferación de fake news en las redes sociales?

Existen cursos de formación que incluso nosotros alentamos desde plataformas como Next Educación. Esos cursos de formación son impartidos por los llamados verificadores de noticias. Una noticia hay que verificarla a partir de determinadas técnicas con el fin de comprobar su veracidad. Por ejemplo, si encontramos un vídeo en internet en el que se puede observar algo extraño o fuera de lugar, se puede hacer una búsqueda inversa, esto es, comprobar si ese vídeo se ha publicado antes, si la fotografía está en alguna otra página, si se produjo algún conflicto anterior con la misma fotografía, etcétera.

Al hilo de esto, un caso real que tratamos el otro día en una clase era un vídeo en el que aparecía una persona agrediendo a un médico y a una doctora en un pasillo. La noticia que se difundió en España era la siguiente: "Un inmigrante pega a uno de nuestros médicos". Cuando se procedió a la búsqueda inversa, se encontró que en esa semana se estaba difundiendo la misma noticia en otros países (Francia, Italia, etc.) Al final se encontró que el vídeo correspondía a la grabación de un ruso ebrio en un hospital de Rusia al que no podían sujetar los sanitarios. En este sentido, el procedimiento de búsqueda inversa resulta altamente efectivo.

En todo caso, combatir la proliferación de fake news requiere de un personal altamente formado y precisa de una inversión económica que no todas las empresas están dispuestas a hacer. Pero lo que sí puedo señalar es que formar en la verificación de datos a los periodistas es muy importante. A veces este contraste de datos es muy sencillo, porque no en pocas ocasiones se hacen afirmaciones que, contrastadas con fuentes fiables (como el Boletín Oficial del Estado, el Boletín Oficial de la Comunidad de Madrid, las asociaciones de profesionales, etc.), se muestran inmediatamente como falsas.

7. Hoy en día existe una amplia oferta de programas televisivos de contenido informativo que, con sus propuestas, buscan mantener enganchados al público a la gran pantalla mediante la generación de impacto (de índole emocional) en los espectadores. Al hilo de esta realidad, ¿cómo cree usted que se deben combinar transmisión informativa y entretenimiento?

Un programa informativo es siempre un programa informativo, y por eso tiene unos requerimientos y unas exigencias. El hecho de que pueda hacerse más atractivo destacando aquellos elementos más llamativos no me parece que sea una concesión punible.

Digámoslo así. Todos tratamos de retener a nuestra audiencia en la medida de lo posible. Es igual que estemos haciendo un informativo o que estemos haciendo un programa de entretenimiento. Hay veces en que los programas de entretenimiento no consiguen entretener y los programas informativos no consiguen informar.

A este respecto, creo que la solución es que cada uno se ajuste al tipo de programa que hace. Pero me parece legítimo que se trate de presentar de la manera más llamativa posible destacando aquellos aspectos que sean más sorprendentes, aunque no inventando nada.

De este modo, el esfuerzo por retener a la audiencia para detener el zapping a causa del aburrimiento de los espectadores constituye el esfuerzo por hacer llamativas las noticias, pero nunca falsearlas. Dicho esfuerzo pasa por usar un lenguaje llano, porque lo que se hace normalmente es hablar en un lenguaje técnico. De hecho, los ingenieros sólo hablan como si nada más lo hicieran para su gremio, los médicos para el suyo, etc. En este sentido, procurar traducir, sin vulnerar el rigor al nivel del lenguaje que habla todo el mundo (usando alguna metáfora), es una tarea muy loable.

Por mi condición de periodista he tenido que entrevistar a gente muy relevante a nivel cultural. Y recuerdo una vez que entrevisté al doctor Mario Molina, premio Nobel de Química en el año 1995. En el transcurso de su conferencia, él estaba abordando el tema del cambio climático y me viene a la cabeza ahora mismo el momento en el que comenzó a explicar que la altura de la atmósfera era pequeña, esto es, muy poco alta en relación con el diámetro de la Tierra. En ese preciso instante, señaló que era como la piel de una naranja. Bastó que dijera eso para hacerse comprender.

En este sentido, el esfuerzo de divulgación —nunca de vulgarización—, siempre respetando el rigor, ha de ser una tarea que deben tener muy presente los periodistas, pero también los investigadores, los científicos y los profesores.

8. ¿Es necesario un cierto control público de los medios de comunicación para salvaguardar y proteger su neutralidad ante la proliferación de intereses contrapuestos en el seno de nuestra sociedad

Este siempre es un terreno muy delicado, porque en el ámbito de los controles emerge de una u otra forma el fantasma de la censura.

Yo soy mucho más partidario de que los periodistas, los medios de comunicación en general, se autorregulen. Y en ese sentido, también en los colegios profesionales, los colegios de periodistas y las asociaciones de prensa hay comisiones de deontología en las que se presentan denuncias cuando parece que están cometiendo algún tipo de abuso.

Ahora bien, la salvaguarda de los medios de comunicación frente a abusos que estos puedan cometer no tiene tanto que ver con la cuestión de lo público y lo privado. Porque, aunque el tópico sea que los privados se mueven por intereses espurios, hay televisiones públicas que vulneran la objetividad y manipulan de una forma descarada al servicio del gobierno de turno. Por lo tanto, no es una cuestión que tenga que ver con la relación entre lo privado y lo público, sino con la seriedad y el rigor de dichos medios y de su dirección.

Independientemente de eso, en algunos países, como, por ejemplo, el Reino Unido, existe un consejo audiovisual que constituye una especie de cámara de apelación en la que se pueden presentar denuncias. En España existen consejos audiovisuales en Andalucía, Cataluña y Navarra.

Yo, cuando era presidente de la Academia del Ente Público Radiotelevisión Española (RTVE) intenté, aunque no conseguí, que se creara un consejo audiovisual a nivel estatal. No resultó nada fácil a causa de las oposiciones que se suscitaron en la ejecución de dicho proyecto. Muchos de los que se opusieron eran aquellos que menos respetaban las normas. Ello no quiere decir que no haya que sacar ese proyecto adelante. Tampoco quiere apuntarse con ello a generar con ese consejo formas o modos de autocensura (objeto del temor de aquellos que se opusieron al proyecto). Es más, creo que la existencia de ese consejo con un funcionamiento simple y claro ayudaría mucho a mejorar la percepción de limpieza en los contenidos que circulan por nuestros medios de comunicación.

9. ¿Siguen siendo hoy los medios de comunicación el cuarto poder del Estado o, en cierto modo, se han visto afectados también por las formas de corrupción sistémicas que han dañado a la imagen del poder político en España?

Los medios de comunicación siempre influyen en la política. Y suelen ser el escenario en el que se produce el choque de las contradicciones y las confrontaciones políticas. Claro que los miércoles por la mañana, por lo menos en España, se celebra una sesión de control al gobierno, cosa que no ocurre en otros países nunca.

En esa sesión de control, lo que pasa en la Cámara está bien y queda en el diario de sesiones, pero si no se traslada a los medios de comunicación, esa batalla es como que no se hubiera dado o tuviera una comunicación puramente interna a la institución gubernamental o política. Por lo tanto, sin medios de comunicación, es imposible construir una democracia. Se puede hacer la guerra sin prensa, pero no se puede conseguir la paz sin ella.

10. ¿Cómo puede mantener el comunicador una actitud de apertura hoy frente a acontecimientos de toda índole (social, política, económica, etc.) que parecen obligar a tomar partido por una u otra opción (política, social, económica, religiosa, etc.)?

La polarización es un virus maligno y es cierto que las sociedades se están presentando cada vez más polarizadas. Pasa en el Reino Unido en relación con el Brexit. El Brexit se aprobó con apenas más del 50 % de la población a favor. El referéndum de la paz en Colombia se aprobó con sólo el 51 %.

Incluso en EE. UU. existe la percepción de una polarización social creciente, aspecto del que dan cuenta incluso aquellos que viven allí. El exalcalde de Los Ángeles estuvo recientemente en Madrid y me decía que la polarización de EE. UU. en este momento sería equivalente a la previa de la guerra de Secesión.

En el caso de España, la polarización es tremenda y hay partidos políticos que en concreto la favorecen. En este sentido, las redes sociales ayudan mucho a la polarización también, no sólo por su gran capacidad comunicativa, sino porque incluso los propios algoritmos de la red hacen que, cuando cualquiera mantiene una posición muy extrema, se vea respaldado en su opinión por otras posiciones del mismo sesgo que se encarga de presentar el mismo algoritmo. Eso constituye comunidades, las cuales están muy polarizadas y favorecen el odio al contrario y la animadversión. Todo lo anterior no beneficia para nada la convivencia de la ciudadanía.

VII

Libertad y normas, la índole antropológica del derecho

Entrevista a Antonio Garrigues Walker

*No se puede ser suave a la hora de defender los derechos de un cliente
alegando como motivo el no estar seguro de que sus derechos sean legítimos.*

Hablamos con Antonio Garrigues Walker acerca de la relación entre la libertad y las normas
a la hora de determinar lo que es correcto en y para el obrar humano en sus múltiples dimensiones y manifestaciones. Antonio Garrigues es un prestigioso jurista español, ampliamente
reconocido en el ámbito internacional y actual presidente de honor del reputado despacho
de abogados Garrigues.

1. ¿Sólo una libertad sometida al imperio de la ley puede orientarse hacia la consecución de aquello que es correcto?

Sí, siempre que dicha ley provenga de una fuente válida que permita orientar real
y efectivamente la libertad hacia el ejercicio de aquello que es correcto. Porque, de
hecho, hay leyes que decretan los dictadores que, aunque tengan tal carácter, no
pueden llegar a considerarse como justas. Por tanto, la respuesta es sí, pero solamente si el origen de dicha ley procede de una fuente válida.

2. **¿Estaría de acuerdo con el aserto socrático (que viene recogido en el texto de *la República* de Platón) según el cual hacer lo correcto consiste simple y sencillamente en ser veraz?**

Esas afirmaciones clásicas hay que valorarlas atendiendo al contexto histórico y circunstancias en las cuales se emiten. En un sentido amplio, la frase es correcta: la veracidad, el ser veraz y hablar de una forma veraz es realmente importante, si entendemos por ser veraz como una de las condiciones, o la condición, para hacer lo correcto.

Ahora bien, este aserto puede matizarse de múltiples maneras, y las circunstancias también pueden llegar a influir en la consideración que nos formamos acerca de su propia validez. De hecho, puede ser que la veracidad no resulte suficiente en virtud del contexto o de ciertos contextos.

3. **¿Existe la posibilidad de que lo correcto podría no ser correcto en otro caso?**

Esta pregunta tiene un contenido filosófico fuerte. De ahí resulta la complejidad y las dificultades que se suscitan a la hora de intentar dar una respuesta a éstas de una manera simple. En todo caso, algo que puede ser correcto podría no serlo en otras circunstancias.

No sería lo mismo una decisión tomada en situación de guerra que en situación de paz, en situación de catástrofes naturales, que en una situación normal. En definitiva, el concepto de lo correcto depende de las circunstancias históricas y reales en donde se produce ese acto. Es más, hemos visto ya muchas veces que lo correcto en algunos casos podría no ser lo correcto en otros.

4. **Podríamos convenir en que no hay que decir la estricta verdad a un loco. Es por ello que, en algún momento, podría estar justificado el relativismo moral, esto es, una mentira noble. Ahora bien, ¿es el Estado el único que debe reservarse el derecho para cumplir esta función?**

No, en ningún caso. Dejarle al Estado esa facultad, sin ningún tipo de restricción, constituiría un peligro. O tenemos esa facultad todos o no la tiene nadie. Pero darle ese monopolio al Estado sería un peligro para los ciudadanos.

Yo creo que el relativismo moral existe y también los cambios en la valoración de las situaciones. Los filósofos se mueven en esta materia con muchas ambigüedades. Y ello porque no resultan temas fáciles en los que se pueda discernir sin dificultad aquello que es correcto.

Por su parte, el tema de la mentira noble, que en España recibe el nombre de mentira piadosa, esto es, la mentira que se hace para no herir ciertas sensibilidades depende, en gran medida, de las circunstancias.

En este sentido, no se debe descartar la posibilidad de que el no utilizar la verdad, cumpla con una función moral positiva, como en el caso de tener un amigo muy enfermo y no decirle o hacerlo consciente de la gravedad de su enfermedad, o de la inminencia de su muerte, precisamente para que puedas tranquilizarlo de la forma más correcta posible.

De hecho, constituye ésta una posibilidad muy real, aunque se debe tener cuidado con realizar generalizaciones indebidas. Pero sin por ello obviar la posibilidad de que se den situaciones en que sea correcto algo, aunque no coincida enteramente con la verdad o alguno de los fines propios de la naturaleza humana.

5. ¿El relativismo moral podría justificar la defensa de un sujeto del que existen pruebas palmarias y evidentes de su no inocencia?

La respuesta a esta pregunta es inequívocamente afirmativa en el sentido en que un abogado puede y debe defender a un sujeto del que existen pruebas de su no inocencia. Un abogado tiene que intentar defender a cualquier persona del mejor modo posible, e intentar reducir la pena que le impongan, si es que el veredicto sobre él es negativo.

Y ello, porque el concepto de culpabilidad, o el concepto de no culpabilidad, aunque existan pruebas palmarias, es un concepto siempre perfectible. Es decir, aunque una persona acepte su culpabilidad, el abogado tiene la obligación de defenderla al máximo y de convencerla de que quizá se ha debido a motivos de fuerza mayor u otras razones que su cliente ni siquiera había llegado a contemplar. En este sentido, siempre hay razones que pueden justificar una labor positiva del abogado, que consistiría en intentar obtener para su cliente el mejor resultado para sus intereses.

La abogacía no puede aceptar ni tolerar situaciones de indefensión. La indefensión va contra la sensibilidad de un abogado. Por tanto, nuestra obligación es, aunque tengamos una persona que reconoce haber cometido un delito, defenderla para obtener la mejor sentencia en favor de sus intereses. Ya será tarea de la acusación el hecho de incriminarlo del modo más rígido posible. Pero la tarea del abogado será defenderla al máximo.

Por eso no podemos tolerar, bajo ningún concepto, ninguna restricción ni limitación. La obligación de todo abogado es defender los intereses de su cliente lo máximo posible.

6. ¿Qué conexión puede haber entre la ética (la moral) y el derecho?

La relación ha de ser muy estrecha, porque un hombre ético sin derecho o un hombre con derecho pero sin moral es casi una contradicción de términos. El cómo relacionar esos ámbitos de una manera pragmática o eficaz constituye otro tema. Pero sin duda alguna ha de haber o realizarse una conexión entre la ética y el derecho.

El problema de la ética es que su definición de lo que es ético o no ético, aunque parezca fácil, es complicada. Tras leer gran cantidad de libros sobre este tema siempre he llegado a la misma conclusión: que la ética consiste en hacer lo que tienes que hacer y lo no ético siempre resulta de realizar aquello que no tienes que hacer.

Pero aun así, resulta innegable que debe haber una relación directa entre ética y derecho de la que no podemos tener ninguna duda.

7. ¿De dónde provendría la definición de la que resulta lo ético entonces?, ¿constituiría algo sólo y meramente cultural?, ¿relativo a la persona?

La ética tiene unas raíces culturales innegables. De hecho, hay culturas en las que cierta situación es enteramente correcta y esa misma, en otras culturas, como consecuencia de razones históricas o por cualquier otro motivo, constituye algo enteramente incorrecto. En ese aspecto, debemos tener tendencia a ser respetuosos de los valores, siempre que se encuentren dentro del concepto ético. Lo que no podemos hacer es considerar como ético algo que no lo es.

Pero dicho esto, es cierto que la ética guarda relación con los valores culturales o relativos a la tradición histórica de un país. Y, por lo tanto, puede haber países en los que determinados actos resultan reprobables e incluso delictivos, mientras que en otros países los mismos actos resultan perfectamente razonables. Se trata de condiciones que debemos aceptar.

8. En un sistema liberal, como afirma Kelsen, la ley rige su propia creación. ¿Habrá entonces que desdeñar por ello cualquier tendencia a hacer depender la definición de lo correcto o lo justo de valores manifiestos en la naturaleza humana?

No puedo contestar con toda precisión a esta pregunta. Aun así, me inclino por responder afirmativamente. De hecho, creo que la naturaleza humana, que todos compartimos, nos dice de vez en cuando por dónde deben ir las cosas y por dónde no. Pero no me atrevería a profundizar en esta cuestión.

9. ¿Es necesaria la identificación entre los conceptos de Estado y derecho?

Creo que ambos conceptos están separados. Una cosa es el Estado y otra el derecho. Así como hay Estados de derecho, también hay estados en donde el derecho no dirige la actividad del Estado. Son conceptos que abarcan ámbitos distintos. No se pueden agrupar.

Por decirlo de alguna manera, la palabra Estado no implica una referencia per se o una identificación con las normas del derecho y su cumplimiento. No es así. Hay Estados que las cumplen y Estados que no las cumplen. Y eso lo estamos viendo permanentemente en todo el mundo.

Ahora bien, sin un Estado, sin un orden ejecutivo, judicial y legislativo consolidados, resulta muy difícil que pueda haber una conexión entre Estado y derecho. De hecho, se pueden conectar cuando los poderes ejecutivo, legislativo y judicial son ya de entrada independientes. Situación que no ocurre en muchos países en donde el poder legislativo depende del judicial y así sucesivamente.

Por tanto, si hay Estado, lo que hay que garantizar es que los tres poderes sean independientes. Esto se dice fácilmente, pero resulta necesario recordar que siempre entre ellos se acaba dando algún tipo de relación de dominio y algunas tendencias, como la acumulación de derechos por parte del poder ejecutivo. Aunque para ello está el poder judicial, cuya función es corregir la tendencia al abuso.

Pero, al final, la idea es que los tres poderes sean independientes y que cada uno de ellos cumpla su misión de la manera más recta posible.

10. ¿Qué papel juegan el abogado y el jurista en la determinación de lo que es correcto y justo para el hombre?

Yo siempre digo, aunque a algunos no les guste especialmente esta definición, que el abogado es una persona a la que se le confiere la defensa de determinados derechos e intereses de un cliente. Es más, él tiene la obligación de defender al máximo esos derechos e intereses, porque va a tener enfrente a otro abogado, sea fiscal o no, que va a tratar de defender lo contrario. Por lo tanto, su obligación es mantener indemne y protegido de todo peligro a su propio cliente.

Creo que no se puede renunciar a eso. No se puede ser suave a la hora de defender los derechos de un cliente alegando como motivo el no estar seguro de que los derechos de éste sean legítimos.

11. ¿Qué diferencia al abogado y al jurista del político?

Entre ellos se dan muchas diferencias. Un político ya de entrada cuenta con la disciplina de partido, la cual un abogado no debe asumir bajo ningún concepto. La disciplina de partido diferencia la actitud de un abogado de la actitud de un político.

Por otra parte, también es cierto que el político puede tener su propia conciencia moral a la hora de defender lo que es correcto o no. Pero también está claro que el político tiene otras reglas, otras disciplinas y otras influencias que el abogado no tiene o no debería tener.

Es más, la disciplina de partido hace en muchas ocasiones al político menos objetivo al momento de valorar o determinar la realidad y también lo que se debe hacer. De hecho, la disciplina de partido a este respecto resulta un valor importante. Un partido político en el que todo el mundo tiene derecho a opinar lo que a uno le venga en gana, y en el que no se siga ninguna directriz, es un partido que acaba durando poco. Por eso, la disciplina de partido es un concepto serio e importante.

Si cada miembro de ese partido tuviera derecho a calificar sus afirmaciones de la forma en que él quisiera, prácticamente no habría un orden constitucional válido, porque si en los debates todos tuvieran y sostuvieran su opinión, se haría muy difícil —por no decir imposible— la gobernabilidad de un país.

Por eso, está claro que seguir la disciplina de partido en política resulta ser importante. De entrada, el partido político es el que ha ayudado al político a ocupar el puesto que ahora ostenta. Eso debe ser reconocido y también ser objeto de valoración. Ello no constituye ninguna forma de hipocresía, sino que todos tenemos que aceptar ciertas limitaciones para que la convivencia ciudadana sea posible. Eso es así.

12. ¿Cómo pueden el abogado y el jurista, en el propio ejercicio de su función, abrir dinamismos que alienten procesos de mejora y crecimiento en la libertad del ser humano?

Creo que la obligación fundamental de un abogado es comunicar a su cliente cuáles son sus derechos y aconsejarle que los defienda en todo momento. ¿Por qué? Porque la renuncia a los derechos de un ciudadano es un problema que afecta la calidad democrática.

Y todo ello forma parte del mismo tema: en un sistema democrático tiene que haber realmente una calidad ética importante, una calidad democrática importante, una calidad moral importante. La clave está ahí, en cómo se puede conseguir eso. Y mirando al mundo, podemos observar cómo hay estamentos políticos que funcionan mejor que otros, o que están más coordinados que otros, o que son más pragmáticos u otros menos honestos.

En este sentido, lo que debe hacer el abogado es comunicar al político y a su propio cliente qué es lo que puede hacer y qué es lo que no puede hacer, siempre atendiendo a las circunstancias en las que se encuentren.

13. ¿Diría que hoy el derecho como disciplina está en crisis?

Yo personalmente creo que no. De hecho, se están creando derechos nuevos. Se está yendo hacia una mayor juridicidad de la ciudadanía. Yo creo que al contrario. El derecho está vivo.

Lo que tenemos que hacer los abogados es hacer todo lo posible para que se mantenga el derecho vivo permanentemente. Ahora mismo estoy trabajando en el tema de los nuevos derechos. Entre esos nuevos derechos, estoy defendiendo el derecho a no ser engañado. No hablo de un derecho a la verdad, porque eso es pedir mucho. Pero al menos tenemos el derecho a que no se nos engañe. Deberíamos vertebrar jurídicamente un derecho consistente en el hecho de generar una penalización a través de una acción jurídica posible que vendría de la mano de la persona que ha sido engañada y que tiene derecho a no serlo.

En este sentido, los abogados y juristas tenemos que estar permanentemente vigilando que los derechos existentes no queden conculcados y que se puedan crear nuevos derechos al reconocer la posibilidad de su surgimiento. En la fundación que yo presido, la Fundación Garrigues, estamos investigando ahora en ese tema: investigar la posibilidad de crear nuevos derechos, dado que estamos en una sociedad muy compleja en donde es necesario proteger al ciudadano cada vez más. Si lo desprotegemos, al final el Estado empieza a abusar de él de una manera inevitable.

Esos nuevos derechos los podemos extraer de la Declaración Universal de los Derechos Humanos de 1948, en donde quedan establecidos. Haciendo una lectura de estos, uno puede caer en la cuenta de que podría haber algunos nuevos derechos, además de aquellos que se mencionan. No resulta una tarea fácil el hecho de encontrarlos, porque la Declaración del 48, en mi opinión, fue muy completa. Pero yo creo que, dada la complejidad en la que está entrando nuestro sistema, la dificultad para establecer las relaciones, y la tendencia de los poderes ejecutivos a sobreexcederse en el ejercicio de sus funciones, tenemos que estar continuamente inventando nuevos derechos y reclamando nuevos derechos por todos lados.

VIII

El silencio de la interioridad habitada o habitable

Entrevista a Pablo d'Ors

Nos cuesta quedarnos en silencio, experimentamos verdaderas dificultades para hacer silencio, porque no nos gusta ver lo que hay tras él.

Mantuvimos una breve conversación con el célebre escritor, filósofo y teólogo Pablo d'Ors, fundador de la red de meditadores Amigos del Desierto, acerca de la realidad del silencio y las implicaciones o claroscuros que éste introduce en la existencia humana.

1. ¿Por qué al ser humano de hoy le cuesta acoger la experiencia del silencio y dejar espacio a la escucha de su propia interioridad?

La dificultad para hacer silencio es la misma que la dificultad para mirar la realidad. No nos quedamos en silencio porque no nos gusta ver lo que hay.

2. ¿En qué sentido el silencio ayuda al hombre a hacer una experiencia radical de su propia libertad?

Si no nos escuchamos, no nos podemos conocer; si no nos conocemos, no nos podemos amar, puesto que nadie ama lo que no conoce; si no nos amamos, no amamos a los demás, pues nadie da lo que no tiene; si no amamos a los demás, no tenemos la experiencia de la libertad.

3. Para experimentar el silencio como un don, ¿es necesario haber amado previamente?

El silencio es un don y una tarea, una tarea porque es un don. La capacidad de recibir y de dar es lo que llamamos amor. El silencio es lo que permite la consciencia de esa receptividad y oblatividad que es el amor. En ese sentido, no hay amor sin contemplación.

4. ¿El silencio como búsqueda de la trascendencia puede llegar a hacerse o ser incompatible con la caridad?

Es todo lo contrario. La sabiduría es la verdadera fuente de la compasión.

5. ¿Cuáles son las notas afectivas de una experiencia de silencio que religue al hombre con la trascendencia?

El silencio siempre apunta al fondo de las cosas, no a las formas; en ese sentido, la experiencia del silencio es trascendente, pues va más allá de las formas. Otro aspecto es, si esa experiencia se verbaliza religiosamente o no. Lo trascendente es lo que te afecta incondicionalmente; y los afectos y las emociones están necesariamente implicados en esa experiencia.

6. ¿Cómo el hombre puede mantener o mantenerse en silencio en su corazón, cuando el mundo parece siempre tener la última palabra sobre lo que hace, dice y piensa?

La última palabra sobre las cosas sólo la tiene Dios, eso es lo que yo creo. El mundo y los seres humanos sólo tenemos palabras penúltimas. Nosotros podemos hacer silencio porque somos silencio; no en el sentido de ausencia de sonido, sino de ausencia de ego.

IX

La imagen del hombre en los Evangelios

Entrevista a Luis Sánchez Navarro

La Sagrada Escritura nos interpela en orden a desarrollar una visión corporativa del ser humano, enormemente afianzada en la experiencia humana..

Hablamos con el doctor Luis Sánchez Navarro acerca del modo en que los Evangelios en particular, y las Sagradas Escrituras en general, nos proporcionan una determinada imagen del hombre. Luis Sánchez es discípulo de los Corazones de Jesús y María, miembro de la Asociación Bíblica Española (*ABE*), de la Associazione Ex-Alunni del Pontificio Instituto Bíblico de Roma (2003) y de la Asociación Bíblica Católica de América (*CBA*),

1. En su obra *Un cuerpo pleno: Cristo y la personalidad corporativa en la Escritura*, usted propone una lectura en clave corporativa de la Sagrada Escritura. ¿Qué beneficios cree que puede aportar al creyente, e incluso al no creyente, esa clave interpretativa que usted defiende a la hora de acceder a las Sagradas Escrituras en general y a los Evangelios en particular?

Creo que, para responder a esta pregunta, resulta interesante comunicar el modo en que surgió esta investigación. Hubo un momento, ya hace años, en el que me llamó la atención el hecho de que en la teología cristiana se habla de la Iglesia como cuerpo. Este dato me resultó bastante curioso: el hecho de que todos los cristianos forman parte de un mismo cuerpo. Eso es lo que afirma san Pablo en la Primera carta a los corintios (1 Cor. 12) y de un modo algo distinto, en su Carta a los Efesios y su Carta a los Colosenses, a saber: que somos miembros de un mismo cuerpo, a pesar de que nuestra propia visión nos induzca muchas veces a pensar que en realidad es lo contrario. Pero ¿cómo entender eso?

Poco a poco me di cuenta de que esa concepción de la Iglesia como cuerpo no sólo se refiere a una cuestión intraeclesial —la reseñada por san Pablo—, sino que afecta de un modo más general la manera de entender al hombre en la Sagrada Escritura. Así, por medio de la reflexión y de la investigación, me topé con la categoría de personalidad corporativa. Ésta no se corresponde con una terminología bíblica, sino que nace del derecho. Aun así, mediante la analogía con las corporaciones humanas, ofrece una visión del hombre que, por así decirlo, no se reduce al individuo.

Por eso, me fascinó, puesto que tiene algo de contracultural esta visión. Y ello debido a que la modernidad en cuanto tal se ha construido a partir de las nociones de individuo, de subjetividad. De hecho, su presupuesto central es que uno se realiza tanto más cuanto más libre o autónomo es o llega a ser. Y a mí siempre me ha dado la sensación de que la Sagrada Escritura dice justamente lo contrario. Y es así como decidí adoptar esta categoría de personalidad corporativa.

No obstante, la tarea que emprendí no fue la de conocer dicha categoría y aplicarla a la Sagrada Escritura de forma unilateral. Más bien, esta investigación se basó, en mi caso, en el hecho de percibir un enfoque antropológico inherente al sentido del texto bíblico, a saber: la dimensión comunitaria de la persona humana. Por lo tanto, se trató de una reflexión que en el fondo nacía de una preocupación de índole antropológica, pero que estaba en conformidad con la imagen global del hombre que nos presentan las Sagradas Escrituras.

¿Pero qué beneficios puede proporcionar la aplicación de esta categoría en la lectura de los textos bíblicos? Si algo me ha llamado la atención desde el principio, y que me ha ido convenciendo cada vez más, es que la terminología "personalidad corporativa" (en sus diversas variantes, personalidad o solidaridad corporativa), como clave hermenéutica de la Sagrada Escritura, ilumina la experiencia. La identidad de cualquier ser humano, reflejada en su nombre y apellidos, sólo puede entenderse y desplegarse en un ámbito relacional: uno es hijo de su padre y de su madre. Esto último queda consignado en los apellidos. En este sentido, la mera convención de los apellidos nos está indicando que mi propia identidad no la creo yo. Mi identidad me viene dada, es relacional. Y ello se conforma por el hecho de que muchas veces incluso el nombre propio proviene de la familia, indicando con ello una relación que se ha querido y se quiere mantener.

A esta identidad relacional de la persona humana se ha opuesto el pensamiento moderno. Y ello porque la modernidad ha visto al hombre como individuo. Sin embargo, el cristianismo siempre lo ha visto como persona. He aquí la diferencia crucial. De hecho, ha sido el cristianismo el que ha desarrollado el concepto de persona. Y, para el cristianismo, la persona es relación. Eso quiere decir que cuando uno se desliga cada vez más de su familia, de sus propias tradiciones o de su propia comunidad, más se despersonaliza.

Y la experiencia nos confirma esto. La experiencia de la modernidad y de la postmodernidad nos ha arrojado como saldo una persona desarraigada totalmente manipulable. Entretanto, se puede constatar cómo las personas arraigadas exigen un respeto, una consideración a su forma de ver la vida. En este sentido, el individuo desvinculado se despersonaliza. Y ello no constituye sólo una cuestión moral, sino que supone de fondo una cuestión antropológica: somos relación. Yo, sin los demás, no soy nadie. Pasaría a ser un número. Eso es lo que el cristianismo aprendió de la concepción de un Dios trinitario, concretada sobre todo en la distinción entre la persona y la naturaleza. Distinción que, por su parte, queda alumbrada en y desde la consideración de las personas divinas como relaciones subsistentes.

Es por ello que intento mostrar en mi libro, a partir de los datos de la Sagrada Escritura confrontados con la experiencia, que uno tanto más es persona, cuanto más sabe implicarse. Esto es, cuanto más acoge las relaciones que lo constituyen. A este respecto resulta muy interesante la figura de David. Este monarca, en la medida en que se identifica con el pueblo (puesto que ésta es la tarea del rey de Israel), realza más su singularidad.

Creo que esto nos ayuda a ejercer una rectificación sobre las premisas mayores de la modernidad. También nos invita a vivir en íntima consonancia con lo que realmente vivimos. A todo ello se añade la constatación, que no deja de resultar llamativa, de que en la Sagrada Escritura se empleen nombres personales, pero a la vez colectivos para referirse a personajes concretos de la Biblia, como el de Adán (más allá de las dudas razonables acerca de su historicidad). Nótese que, en algunos casos, Adán significa "ser humano" y tiene también el sentido de "pertenecer a la tierra", al provenir del término adama. Básicamente quiere decir "humanidad formada de la tierra". En otros casos, adquiere un significado personal como cuando se dice que Adán conoció a Eva. La traducción griega de la Biblia (la Biblia de los LXX) es también testigo de esta duplicidad: a veces Adán es traducido por el término griego *anthropos* y otras veces simplemente por Adán. Ahí uno llega a percibir con claridad que Adán es la humanidad y a la vez es el padre, el padre de la humanidad. Aquél que, en cierto modo, incorpora en sí mismo a toda la humanidad. También el nombre de Abraham da cuenta de esta realidad. El nombre Abraham significa "padre de una multitud".

Es interesante a este respecto el pasaje de la Carta a los Hebreos en el que se habla del encuentro entre Abraham y Melquisedec (Gn. 14). Al autor de la Carta a los Hebreos le interesa manifestar que el sacerdocio de Melquisedec es anterior y superior al de Leví. Éste último es hijo de Isaac pero, a su vez, de Jacob y a su vez de Abraham, es el padre de unas de las doce tribus del Pueblo de Israel, tribu de la que desciende el sacerdocio real en Israel. En este sentido, el redactor de la Carta a los Hebreos pretende mostrar que Jesús es sacerdote de una forma nueva, distinta, pero que en cierto modo conecta con el sacerdocio de Melquisedec. En Hebreos (7:6-7), se dice que Abraham le pagó el diezmo a Melquisedec y éste bendijo a Abraham. Y el inferior pagaba el diezmo al superior. Luego, Abraham reconoció a Melquisedec como superior. Y más adelante, en el versículo 9, se señala que hasta el mismo Leví, que percibe los diezmos, los pagó a Melquisedec en la persona de Abraham, pues estaba ya en las entrañas de su antepasado. Esta es la lógica de su concepción relacional de persona. Para la revelación bíblica y el pueblo judío en concreto, llega a resultar hasta un dato evidente. Aunque es verdad que tenían esta visión de que el varón engendra poniendo su semilla en la mujer, de modo que en el varón en potencia está el hijo y, por lo tanto, los descendientes. Pero, no por ello, deja de resultar curioso ver cómo para el autor de la Carta a los Hebreos, Leví ya estaba de alguna manera en Abraham y éste en Jesús (si seguimos la lógica de la revelación cristiana).

En suma, esta visión corporativa en la Sagrada Escritura no sólo se da a nivel sincrónico, sino también a nivel diacrónico. Por lo tanto, estamos unidos con nuestros predecesores, nuestros ancestros y también con quienes vendrán, dado que formamos parte de una misma humanidad. Esto es algo en lo que Ratzinger insiste mucho cuando habla de la Iglesia. La Iglesia no es solamente una catolicidad sincrónica, de modo tal que, si ahora todos nos pusiéramos de acuerdo, podríamos decidir sobre determinados temas que afectan la moral y el dogma de un modo unilateral. Lo anterior sería de esta manera si la Iglesia fuera una universalidad solamente sincrónica, pero de hecho no es así. Por eso, no tengo derecho a semejante decisión, porque estoy viviendo de una misma realidad que han vivido otros y que otros vivirán. Por lo tanto, ésa es una visión corporativa, la que defiende Ratzinger: aquélla que preconiza que formamos parte de una unidad que, por así decirlo, nos permite tener nuestra verdadera personalidad.

Así lo podemos constatar en la figura de Jacob. Nótese que Jacob e Israel forman parte del mismo personaje. Es un hombre que tiene el nombre del Pueblo. De hecho, Israel es el nombre del patriarca. Luego vendrán los hijos de Israel y, por lo tanto, Israel concebido como Pueblo. Esta visión está constantemente presente en la Escritura, de tal manera que tenerla en mente ayuda a hacerse con la mentalidad bíblica.

Y en la medida en que esa Escritura, cuya concepción se ve corroborada por y en otros pueblos de la Antigüedad, se reconoce como una revelación singular de Dios, ésta nos interpela en la línea de cuestionar aquella visión insuficiente del hombre: la forjada por la humanidad ilustrada.

2. Profundizando en esa clave hermenéutica que usted argumenta, ¿no hay pasajes de la Sagrada Escritura, como el de Jesús invitando a su seguimiento en el odio al padre y a la madre, en los que el sentido personal (la revelación de Dios en la propia existencia) parece oponerse a la inserción de ese sentido en un contexto comunitario?

Para responder a esta interesante cuestión, podemos ir al pasaje que usted apunta, al de Jesús, pero también podemos recurrir a otros, como los relativos al profeta Jeremías, o incluso al mismo Elías. En la Biblia, podemos ver cómo Elías, cuando se enfrenta con los profetas de Baal en el monte Carmelo, constata su soledad frente al pueblo que se ha ido tras los Baales. O también en Jeremías 7, cuya predicación va en la línea de subrayar la destrucción del Templo a causa de la no conversión del pueblo. Por esta predicación, Jeremías es conducido a la cárcel.

En resumidas cuentas, esta lectura corporativa, que yo propongo, no elimina la dramaticidad de la existencia. Está claro que Jesús hace frente a un pueblo que no lo reconoce, no lo acoge. Más tarde, a los cristianos les pasará algo parecido en un contexto distinto, pero es precisamente por ello interesante ver cómo los Evangelios presentan a Jesús como el verdadero pueblo. Él es el verdadero pueblo. Cuando Jesús va al desierto a ser tentado, él es la plenitud del pueblo. Es decir, realiza la llamada a la que el pueblo de Israel estaba invitado y que éste no realizó en los cuarenta años del desierto. Durante ese tiempo, el Pueblo se rebeló contra Dios. Por eso no entraron en la Tierra Prometida. Entonces Jesús aparece como Aquél que en su carne realiza esa misión del pueblo. Él es el verdadero y nuevo Israel.

Para entender esto, resulta fundamental la noción de figura, la exégesis figurativa. ¿Qué es la figura? Porque toda la Biblia funciona así, a base de figuras y cumplimientos. La figura es como un personaje o un acontecimiento que tiene importancia salvífica y que por su propia naturaleza apunta a un cumplimiento. Y esto es algo que se va viendo con posterioridad. Por ejemplo, en la Biblia se nos narra el acto de creación de Dios en el cual separa las aguas de arriba de las de abajo. Luego, se nos hablará del pueblo de Israel saliendo de Egipto y de cómo, para que éste pueda huir de los egipcios, Dios separa las aguas del Mar Rojo. Dicho acontecimiento constituye un nuevo cumplimiento de aquel suceso primigenio. A su vez, en el libro de Josué, se nos cuenta cómo éste introduce al pueblo de Israel en la Tierra Prometida atravesando el Jordán, y se nos recuerda cómo el cauce del río Jordán se detiene para permitir a los israelitas que lo atraviesen para llegar a la Tierra Prometida. Es así como las aguas separadas aparecen como figura de creación, de generación, que aparecen en el origen mismo, pero que también se presentan en el momento de generar al pueblo de Israel y de que éste entre en la Tierra Prometida. En todos los casos, aparecen como figuras incompletas que piden una nueva realización.

Así, cuando Jesús es bautizado en el Jordán, no constituye una mera casualidad. Quiso presentarse como el nuevo Josué. Jesús y Josué son el mismo nombre y se refieren a aquel que introduce al pueblo israelita en la Tierra Prometida atravesando el río Jordán. Es así como estas figuras son las que dan sentido a los personajes posteriores, que a su vez las llevan a una plenitud nueva.

El tema de la Pascua, del Éxodo, es relevante a este respecto. Si uno va al libro de Isaías, cuando se habla de la vuelta del Exilio de Babilonia en el siglo VI a. C., se puede observar que se describe la vuelta de Babilonia a Israel como un nuevo Éxodo, es decir, se vuelve a realizar en el siglo IV a. C. lo que ya se había hecho en torno al año 1200 a. C. Aquello era figura de la salvación que tenía que venir. Y el hecho de que Jesús quiera instituir su propia Pascua se entiende en este sentido: llevar a plenitud las grandes figuras del Antiguo Testamento. En este sentido, Adán era la figura del que tenía que venir, Cristo, y así en otros casos.

Toda la Sagrada Escritura funciona con esta dinámica de figura y cumplimiento. Quien más ha desarrollado esta cuestión es el autor francés Paul Beauchamp. Este tipo de exégesis refuerza la lectura corporativa de las Sagradas Escrituras.

3. Según su propia comprensión, ¿qué categorías bíblicas ayudan mejor al hombre de hoy a la comprensión de cómo se articulan en Cristo la dimensión personal y comunitaria?

Hay categorías muy interesantes y relevantes que ayudan a una comprensión actual de esta articulación. Una de ellas es la categoría de cuerpo y su importancia en el testimonio bíblico. Y, sin embargo, el cuerpo es visto en la modernidad como un artefacto, como una especie de instrumento del alma, mientras que la visión cristiana del hombre es radicalmente distinta. El hombre es cuerpo. De ahí toda la problemática asociada a la escatología cristiana: ¿cómo es posible que el alma se separe del cuerpo?

Pero esta visión de la comunidad como cuerpo, que es la que utiliza san Pablo para referirse a la Iglesia, viene del ámbito jurídico, como ya hemos señalado. Es una corporación, término ampliamente usado en el derecho. De ella podemos decir que no constituye en ningún caso una metáfora, sino que apunta a algo real: la realidad de nuestra mutua implicación. Pablo lo explica de un modo magistral en la Primera carta a los Corintios (12). Como señala el apóstol, no se puede imaginar al pie diciéndole al ojo que no lo necesita. Como él le está hablando a una comunidad, ese pie y ese ojo tienen nombre y apellidos. De esta manera, el apóstol le da a entender a la comunidad su propia realidad.

Unida a esta imagen, está la de la casa. En la Biblia, la casa es la familia. Cuando Dios le dice a David: "yo te construiré una casa", no quiere decir que le construirá un palacio, sino que le dará una dinastía, esto es, un hijo, que será su sucesor. Es interesante a este respecto darse cuenta de hasta qué punto en las lenguas semíticas la casa y el cuerpo son dos nociones que están unidas. En hebreo, hijo se dice ben. Esa palabra deriva del verbo hebreo bana, que significa "edificar" o "construir". El hijo es algo que se construye, que se edifica. Y cuando en el Génesis (2), se dice que Dios le sacó al hombre una costilla, y que a partir de ésta formó a Eva, en hebreo dice que a partir de la costilla edificó a Eva. Esto es importante saberlo para saber cuán cercanos están los conceptos de casa y cuerpo en la Biblia. De hecho, hay algunos pasajes de san Pablo (1 Cor. 3; 6) en los que se cambia automáticamente de un concepto a otro: vosotros sois Cuerpo de Cristo y Templo del Espíritu Santo.

Creo que lo anterior nos ayuda a entender esta visión corporativa que estoy proponiendo. Nosotros formamos parte de una casa, de un templo. Y conformados de hecho un cuerpo. Ya el cuerpo por sí mismo es una noción corporativa. Todo cuerpo habla de quien nos ha engendrado. Por su parte, el cuerpo es aquello que permite la relación. Es por ello que las relaciones son inherentes al cuerpo. Y, en este sentido, el alma es también el cuerpo. Son distinguibles en cierto sentido, pero absolutamente inseparables. De hecho, al amigo o a la esposa lo que se quiere es tocarlos. Hay una relación que pasa necesariamente por el cuerpo. Esto lo ha puesto muy de manifiesto Juan Pablo II con sus famosos desarrollos de la teología del cuerpo. A través de ella, nos damos cuenta de que el cuerpo es una noción eminentemente relacional.

En la mujer esa noción relacional de la propia corporalidad se acentúa, porque en ella cuerpo y casa coinciden. Para todos nosotros, la primera casa ha sido el cuerpo de nuestra madre. La mujer es, dentro del ser humano, aquella forma de ser humana con la capacidad de acoger a otro en su interior, generándolo. Las nociones de cuerpo y casa son muy fecundas y una vez más coinciden con lo que nos dice la recta razón, no ideologizada, que se remite a la experiencia y reflexiona sobre ella.

Otra categoría evangélica que puede ayudar a comprender mejor esta articulación es la categoría de amor. Si uno va al Evangelio de san Juan, el gran teólogo del amor, se ve que amar es "permanecer en el otro". Es una visión del amor profundísima, que ha dado lugar a toda la teología cristiana sobre el amor. Es decir, por el amor, el amante vive en el amado y viceversa. Se trata de algo real, no imaginado. No es una bella metáfora. El sufrimiento del ser amado causa dolor en el amante, porque el amante lleva dentro a la amada. Igualmente pasa entre hijos y padres, porque ambos vienen constituidos por esa relación, una relación de mutua permanencia.

Esta cuestión del amor, Jesús la expresa de una forma muy bella en el Evangelio de Juan, en el capítulo 15, con la alegoría de la vid. La vid entra en la imagen o categoría del cuerpo, dado que se trata de un ser vivo que, a la vez, está constituido de miembros, en este caso, los sarmientos. Si los sarmientos no permanecen en la vid, no dan fruto. Si permanecen, dan fruto. Esto es, con la vid se refleja esta realidad de la mutua permanencia. Esto es posible porque estamos vinculados realmente. Es decir, formamos parte de una corporación. Esto que es válido para una familia, también lo es para una nación y para toda la humanidad.

¿Cómo explicar el pecado original sin apelar a esta mutua interdependencia? Desde esta visión, comprendemos cómo lo que hace un solo hombre afecta a toda la humanidad, más allá de intentos frustrados por explicar la realidad de ese pecado, a partir de presupuestos biologicistas o traducianistas. Y ello, porque todos formamos parte de un mismo cuerpo. Es esa configuración como cuerpo la que está afectada, en estado de rebeldía, cuando un solo hombre peca.

Explica muy bien esto Ratzinger en su libro *Jesús de Nazaret* cuando habla sobre el bautismo de Jesús. ¿Para qué recibe Jesús el bautismo de Juan? Esa es la pregunta clave. El bautismo de Juan era para la conversión de los pecados. No se entiende la presencia de Jesús y el hecho de la voluntad de quererse bautizar a manos de Juan, tal y como consigna Mateo (Mt. 3). Ratzinger explica este gesto a la luz de la personalidad corporativa. Está claro que Jesús no ha cometido un pecado, pero también es un hecho que no está actuando, sino que ha asumido realmente nuestra condición y nuestros pecados. Está cargado con nuestros pecados, aunque no sean propios, ni hayan sido originados por él. Ha hecho propia la deuda por amor. Ahí está la cuestión.

Esto viene a reforzar la idea de que Jesús, cuando se hace hombre, nos incluye a todos en su humanidad. Por eso, la resurrección de Cristo comienza a ser nuestra resurrección, porque somos parte de su cuerpo, el cual está resucitado. Toda la humanidad cuenta con las primicias de la resurrección al participar corporalmente de la resurrección de Cristo.

De esta manera, a través de las categorías que hemos desarrollado, adquirimos una visión profundamente realista de lo que es la fe, pero también de lo que es el hombre. Resulta también enormemente interesante poner todo ello en relación con la noción de bien común. Muchas veces el bien común se presenta y se entiende como una inmolación de la propia individualidad en favor del interés general, desde la mentalidad propia de la modernidad. Pero ¿qué nos dice esta visión del hombre que yo estoy planteando aquí? Que el bien común es más propiamente mío que mi bien particular. No sólo que es más importante que la consecución de mi propio interés que he de sacrificar en aras de lo superior, sino que me pertenece más propiamente que mi bien particular. A este respecto, mi familia es más propiamente mía que mis intereses particulares. Así, ya no pienso en singular, como opuesto a mi familia, pasando ellos a ser mis enemigos. Tampoco pienso acerca de ellos en términos de conciliación. Familia y trabajo no pueden plantearse como enfrentados en este sentido, sobre todo en lo que supone el desarrollo y despliegue de las relaciones en el seno de la familia. Ello no implica la ausencia de sacrificio y exposición por parte de aquel que decide vivir vinculado e implicado en sus relaciones con los demás, en este caso, con su propia familia.

4. ¿Cuál de los Evangelios incide más a su juicio en el tema de la personalidad corporativa y por qué?

Es muy difícil, porque los Evangelios en el fondo constituyen uno solo, aunque sean cuatro. Ya se sabe que la terminología clásica que aparece a finales del siglo II para referirse a ellos es "Evangelio según…" y no "Evangelios".

De hecho, el Evangelio de Jesús, expresado en los cuatro Evangelios, en el fondo es el puro Antiguo Testamento llevado a plenitud. En ese sentido, lo que encontramos en los cuatro textos es un testimonio del acontecimiento de Cristo y cómo vivió su existencia desde esta mentalidad, lo cual se refleja constantemente en los cuatro Evangelios.

Antes hemos hablado de la alegoría de la vid y de los sarmientos en el Evangelio de Juan. Ahí tenemos una expresión clarísima de la personalidad corporativa, que además desemboca en la formulación del mandamiento del amor. Quizás el

Evangelio de san Juan refleje de una forma más clara esa imagen corporativa.

Pero también es cierto que la presentación de Jesús bajo la figura del Siervo aparece en los cuatro Evangelios. Como están en su misma savia, por así decirlo, los cuatro Evangelios describen la Pasión de Jesús bajo la plantilla del Siervo del libro de Isaías, el cual justificará muchos casos.

En todo caso, me resultaría difícil tomar una decisión a este respecto y no precisamente por falta de datos, sino por exceso. Hay que tener en cuenta que lo que Jesús hace es llevar a plenitud las figuras. Véase, por ejemplo, la cuestión del Hijo del Hombre que constituye una figura corporativa. El Siervo de Yavhé es otra figura corporativa, que en un determinado momento también se contrapone al pueblo, como pasa en el Libro de Isaías 53, cuando se dice que el Siervo justificará a muchos. Jesús, al llevar a plenitud esas figuras, soluciona el enigma. Jesús es el individuo que a la vez lleva en sí a todo el Pueblo. Por lo tanto, soluciona la dificultad. Si analizamos pasaje por pasaje, lo único que haremos será constatar esta realidad.

5. Tradicionalmente, el *Canto del Siervo de Yahvé* que se recoge en el Libro de *Isaías 53* ha sido atribuido en la exégesis judía al pueblo de Israel. ¿Cómo llegan a la conclusión los Evangelios de que Jesús es objeto de los sufrimientos relatados? Es más, ¿cómo interpretan los Evangelios el hecho de que ese sufrimiento redentor tiene que ver con todos y cada uno de los hombres?

Efectivamente, lo que usted señala es cierto. De hecho, en lo que se suele llamar como el Deuteroisaías (la segunda sección del libro del profeta Isaías, que comprende del capítulo 40 al 55, donde aparecen los cantos del Siervo), se dice explícitamente que el Siervo es Israel.

De hecho, es algo que tenemos también en el Nuevo Testamento, en concreto, en el *Magnificat*, donde explícitamente el evangelista pone en boca de María la siguiente expresión: "Auxilia Israel su siervo". Es decir, para María, el Siervo es Israel. Y, sin embargo, hay algunos lugares en los que ese Siervo adquiere rasgos de individuo, contrapuestos, pero no opuestos al Pueblo. Entonces, hay una ambigüedad que la exégesis ha de solucionar.

La exégesis judía interpreta esos pasajes dando a entender que el Siervo constituye una personificación del pueblo de Israel, en la medida en que dicho pueblo sea capaz de llevar a cabo la redención de la humanidad. Pero la dificultad sigue ahí.

La exégesis cristiana, a partir de Cristo, lo interpreta en clave personal. Lo que pasa es que dicha exégesis cristiana tiene que dar cuenta de aquellos otros pasajes donde se dice explícitamente que Israel es el Siervo.

A mí lo que me asombra siempre en este asunto es dirigir la mirada a Jesucristo: el hecho de ver cómo Él es capaz de armonizar en su carne las figuras, no anulándolas, sino llevándolas a un nuevo nivel de existencia. "He aquí el hombre" (Jn. 19:5) constituye un ejemplo muy clarividente a este respecto.

X

Los derechos humanos
a examen

Entrevista a Alfredo Cruz Prados

*Hay que buscar la singularidad humana por la vía no de la abstracción,
sino de la participación eminente, sobresaliente en lo común*

Hablamos con Alfredo Cruz Prados sobre la índole política de los derechos humanos y su relevancia antropológica. Alfredo Cruz es profesor de filosofía política y de historia del pensamiento político en la Universidad de Navarra, también es autor de obras tan relevantes como:
La sociedad como artificio: El pensamiento político de Hobbes (1986), *Historia de la filosofía contemporánea* (1987), *Ethos y polis. Bases para una reconstrucción de la filosofía política*
(1999) *y La razón de la fuerza: Concepto y justicia de la guerra* (2004).

1. ¿Cuál es la lógica que siguen los ordenamientos jurídicos que favorecen la im-
plementación de los derechos humanos?

A mi modo de ver, la lógica que vertebra los derechos humanos es la idea de que
el ser humano es sujeto de derechos en tanto que es un individuo puro de la especie humana, esto es, como caso singular. Eso significa, desde esta perspectiva,

que el hombre tiene una serie de derechos al margen de la sociedad en general y al margen de la sociedad concreta a la que cada ser humano pertenece. Y cuenta con esos derechos con independencia de los vínculos que después pueda establecer, de quiénes lo rodeen y de cuál sea la circunstancia social y humana en la que esté insertado.

Todo lo que rodea al ser humano, es decir, lo que lo sitúa social, cultural e históricamente, constituiría un aspecto irrelevante en virtud de esa serie de derechos que le pertenecen antes incluso de su inserción en la sociedad. La lógica que de aquí se desprende es que cualquier individuo puede reclamar esos derechos de la sociedad y ante la sociedad sin tener en cuenta cuál es el contexto social que lo rodea, cuáles son sus posibilidades, sus exigencias, su nivel cultural y de bienestar material. Y, además, puede reivindicarlos con independencia de los efectos sociales que pueda tener esa reclamación. Obviamente, la reivindicación de esos derechos puede tener unos efectos u otros, más positivos o más negativos, en función de cuál sea la sociedad en concreto en la que se sitúa un ser humano. Ello no ha de eliminar, en todo caso, su independencia o consideración autónoma, según la visión propia de dichos derechos.

Quien ha expresado mejor esta idea ha sido un teórico del derecho, Ronald Dworkin. Él señala que los derechos fundamentales (esenciales) sólo están siendo considerados en serio cuando los ponemos en juego como *trumps*, a saber: como el naipe de triunfo en un juego de naipes. Cuando alguien tiene esa carta, cuenta con una ventaja inapelable sobre todas aquellas jugadas que puedan hacer los demás. De este modo, se corta el juego y la partida se acaba.

En este sentido, los derechos humanos se esgrimen como trumps, es decir, no pueden estar condicionados a lo que los demás tengan o dejen de tener. No pueden estar sujetos a consideraciones sociales, políticas o relativas al bien común. De hecho, si uno cuenta con un derecho, todo lo demás ha de amoldarse a ese derecho en orden a que éste no quede en ningún caso conculcado. De este modo, se corta el diálogo político. La conversación ha terminado, sencillamente porque este es mi derecho antes o al margen de toda capacidad de decisión. Esto es lo que significa en última instancia tener un derecho humano y poder reclamarlo ante la sociedad.

Por lo tanto, hablar de derechos humanos es hablar de la posibilidad que tiene un sujeto de autoafirmarse como un individuo de manera incondicional. Esto es, sin estar condicionado por necesidades sociales o por consideraciones colectivas. Se trata así de la capacidad de autoafirmación como puro individuo, pero en ningún caso como ciudadano. Esa es la gran diferencia entre el derecho clásicamente entendido y el derecho tal y como se comprende en la modernidad y, en concreto, en la doctrina de los derechos humanos.

El derecho clásico constituye a este respecto una forma de autoafirmación del individuo en cuanto ciudadano o miembro de la sociedad. Frente a esto, los derechos humanos suponen la capacidad que hemos atribuido a cada ser humano de autoafirmarse como puro individuo dentro de la sociedad en la que esté, cualquiera que sea ésta. Y por eso, al mismo tiempo, se trata de derechos patrimoniales de un individuo, que son libres y no están grabados por una hipoteca social, expresión que tomo de Juan Pablo II. Desde esta óptica, tener derecho no implica ejercer ninguna responsabilidad. Por eso, los derechos humanos se pueden reclamar no sólo con independencia de la sociedad, sino con independencia de lo que yo esté haciendo por la sociedad.

Es decir, aunque yo sea o bien un ciudadano honrado, colaborador y responsable, o bien un criminal, esos derechos no quedan en ningún caso modificados por la relación que yo tenga con mi sociedad. Se trata de derechos abstractos. Por lo tanto, están completamente descargados de responsabilidad. Creo que esto es lo que permanece latente en toda la lógica relativa a los derechos humanos y también en toda la jurisprudencia relativa a estos.

2. Dentro de los derechos humanos se ha concedido una especial importancia al derecho a la igualdad. ¿En qué medida la consecución de ese derecho es importante a la hora de implementar un orden social justo, acorde a la dignidad humana?

A mi modo de ver, es distinto hablar de igualdad que hablar de justicia. Siempre se ha dicho que la justicia es tratar igual a los iguales y tratar desigual a los desiguales. La cuestión fundamental consiste en determinar en qué aspectos somos iguales y en qué aspectos somos desiguales. O, dicho de otro modo, ¿qué desigualdades son legítimas y cuáles son ilegítimas?

Hay que tener en cuenta qué tan real es la igualdad fundamental que compartimos todos los seres humanos con base en nuestra naturaleza y también qué desigualdades hay entre nosotros, que no son menos reales. En este sentido, existen las desigualdades en fuerza, en salud, en inteligencia, en riqueza, en aspectos físicos, en edad, etc. Es decir, hay una multitud de desigualdades que podemos fácilmente constatar. Ahora bien, ¿cuáles de esas desigualdades podemos considerar irrelevantes, esto es, no tenerlas en cuenta a la hora de organizar lo común? Y, por su parte, ¿qué desigualdades debemos tener necesariamente en cuenta?

Para alumbrar esta cuestión, resulta útil remitirse a modelos de organización social más parciales. Por ejemplo, todos los que estamos en la escuela o en la universidad (alumnos, profesores, etc.) contamos con una igualdad fundamental. Todos somos seres humanos. Pero entre nosotros también se dan desigualdades. La primera de estas desigualdades viene determinada por el hecho de que el alumno sabe menos que el profesor. Esa desigualdad de conocimiento no puede ser irrelevante en la estructura de la universidad o de la escuela. Precisamente porque es el profesor el que tiene que enseñar y el alumno el que tiene que aprender. A su vez, es el alumno el que debe ser examinado y el examen sólo lo puede corregir y valorar el profesor, no otro alumno. Las notas o calificaciones no se pueden poner democráticamente mediante votación de toda la clase. Si no se da relevancia a esa desigualdad en la universidad y la escuela entonces no hay orden posible. Lo mismo ocurre en la familia, en la empresa, o en cualquier otra parcela de la vida social.

Lo que pasa en los ámbitos parciales, acontece también en el ámbito general, a saber: en la sociedad en su conjunto. Lo relevante aquí es poner de manifiesto las desigualdades que no es necesario tener en cuenta y las desigualdades que necesariamente hay que considerar. Al final, la igualdad que podemos reivindicar y realizar en el ámbito social y político depende de las condiciones de las que se disponga en ese momento.

En el fondo esa igualdad no constituye sin más el reflejo político de la igualdad esencial o natural. Es más, un constructo político, una fórmula de combinación entre la igualdad esencial y las desigualdades que hay que tener en cuenta. Encontrar esa fórmula es una labor política. Depende de cada sociedad y de sus posibilidades.

3. ¿La injusticia vivida en Europa no justifica de algún modo la razonabilidad de la construcción de tales derechos?, ¿no hace de esos derechos una aportación positiva?

Me parece bastante claro que el gran influjo que han ejercido los derechos humanos tiene su origen en la experiencia traumática de la Segunda Guerra Mundial, los horrores del nazismo y el auge de los totalitarismos. En este sentido, se puede decir que toda la idea y doctrina de los derechos humanos estaba llena de buenas intenciones, al menos en un inicio. Se quería suscitar una respuesta no sólo bélica, sino también jurídica y moral a las atrocidades de los totalitarismos. Y se quería, a su vez, poner una medida que sirviera de freno a posibles reincidencias o posibles nuevos casos asociados a ellos. ¿En qué consiste evitar el totalitarismo entonces? En respetar esos derechos para todo ser humano. De este modo, este elenco de derechos nos puede servir también para juzgar cuándo estamos ante un caso de totalitarismo y cuándo no.

¿Cuál es el problema en todo esto? A mi modo de ver, se quiso solucionar dicho problema, pero diagnosticándolo mal. Y ello debido a que quienes diagnosticaron el problema fueron fundamentalmente liberales. La cultura que condenó el totalitarismo fue una cultura eminentemente liberal. Para el liberalismo, el totalitarismo consistió en un exceso de socialización del ser humano, en hacer de éste una parte al servicio de un todo social.

La terapia que aplicó el liberalismo frente a los errores del totalitarismo fue la de blindar al individuo, de manera tal que éste no pudiera llegar a ser completamente absorbido por la sociedad. Este modo de pensar se basa en la constatación de que hay un reducto o parte del individuo que siempre queda fuera de la sociedad. Esa parte de sí mismo es la que viene protegida por los derechos humanos. Los derechos humanos son de este modo la protección de la individualidad del ser humano frente a la misma sociedad a la que pertenece, la garantía de su autonomía frente a todo orden social, extrínseco a su propio ser.

Pero, desde este planteamiento individualista, lo que preocupa es proteger al individuo frente a la sociedad. Tras la implementación de esta visión, no es posible construir una auténtica sociedad, es decir, una auténtica solidaridad. Y, por eso, el máximo de sociedad que se consigue a partir de esta consideración individualista del ser humano es el mercado. El mercado es la máxima socialización de un hombre protegido como individuo frente a la sociedad.

Y precisamente éste es el error. Dicho de otro modo, el liberalismo y el totalitarismo constituyen dos respuestas frente al mismo fenómeno: el fenómeno del individualismo. El ser humano entendido como puro individuo puede ser sometido o a una instrumentalización centralizada (totalitarismo) o a una instrumentalización en red, no centralizada. Eso último constituye la esencia del mercado. En el mercado, todas las relaciones son de instrumentalización. Un individuo instrumentaliza a otro bajo la condición de que el otro también lo instrumentalice. De esta manera, todas las relaciones en el mercado son relaciones de búsqueda recíproca del interés individual. Eso es lo máximo que se puede ofrecer a un hombre entendido como individuo. Así pues, totalitarismo y liberalismo son dos respuestas al ser humano concebido como individuo, que consisten sólo, y en último término, en dos fórmulas de instrumentalización.

¿Qué es lo que falta en ellos? Que lo que nos salva tanto del totalitarismo como incluso del liberalismo es la idea de ciudadanía. La idea de participación, receptiva y activa en la sociedad. En realidad, el totalitarismo no constituyó un exceso de socialización del hombre. Fue una forma de instrumentalización centralizada de un ser humano entendido como puro individuo en aras de promover unos intereses totalitarios Esto es, uno intereses colectivos, de los cuales sólo una élite es consciente. Por su parte, el mercado expone también al individuo a una instrumentalización, pero esa instrumentalización se efectúa sobre la base de fomentar intereses también individuales. Intereses que nadie conoce mejor que el individuo mismo. En eso consiste el mercado.

Por eso, me parece que los derechos humanos son una respuesta a algo malo, pero mal entendido. Es más, se trata de una respuesta en la que se está compartiendo con la "enfermedad" su misma causa. Ésta no es otra sino el individualismo.

4. ¿En qué aspectos se puede observar que los derechos humanos están despolitizando el espacio público?

Uno de los síntomas más claros de esa despolitización del espacio público que ha fomentado la implementación de los derechos humanos es el deterioro del diálogo político.

Tradicionalmente, el espacio público se ha entendido como un espacio de diálogo, de deliberación política y común. El espacio del ágora en el mundo griego, el foro en el mundo romano, y los parlamentos en la gran tradición parlamentaria occidental, todos ellos, constituían ámbitos en los que se hacía presente la voz de los ciudadanos para hablar, deliberar y decidir sobre los asuntos que incumbían a todos. Lo privado quedaba reservado a la decisión de cada uno. Constituía su privacidad. Pero hay otros aspectos que implicaban a todos: la *res publica*. Sobre esos aspectos había que hablar, deliberar y decidir en público, esto es, como pueblo. Por lo tanto, en aquella forma de entender la política, el espacio público constituía aquel en el que se hacía presente y visible que somos un conjunto humano buscando una meta colectiva, un bien común, un fin común. Y esa búsqueda sólo podía operarse sobre la base de un diálogo político y ciudadano.

Pero con los derechos humanos esta realidad queda suspendida. ¿Por qué? Porque los derechos fundamentales de cada individuo ya están decididos. No pueden ser sometidos a debate. Constituyen un límite férreo a aquello sobre lo cual podemos debatir y decidir. Si uno tiene el derecho humano a la libertad de expresión, ¿qué hay que debatir acerca de lo que se puede o no hacer público? No hay nada que debatir. En este sentido, los derechos son trumps. Suspenden la deliberación. Con ellos no hay posible discusión.

Así pues, los derechos humanos están reduciendo el diálogo político a aspectos menores. Sólo se puede debatir con base en ellos sobre aspectos muy triviales, porque las cuestiones importantes ya están decididas, puesto que todos tenemos derecho humano a tal o cual cosa.

Y, por eso, cada vez más las cuestiones políticas acaban siendo dirimidas en los tribunales de justicia. Ello supone la judicialización de la política. Dicha judicialización es consecuencia directa de los derechos humanos, porque ante cada decisión política, cualquier individuo puede señalar que eso vulnera mi "derecho humano a..." y llevar ante los tribunales la decisión de dirimir acerca de dicha cuestión. El juez es entonces el que tiene que comparar la decisión política con el derecho humano de este sujeto. Y obviamente, y en cualquier caso, acabará primando el derecho humano.

De esta manera, la política está siendo reservada sólo para cosas triviales o para problemas locales, pero las verdaderas cuestiones están siendo secuestradas judicialmente mediante la invocación de los derechos humanos.

5. ¿Cómo el hombre puede llegar a realizarse humanamente en la acción política sin apelar a los derechos humanos?

A mi modo de ver, la clave para que tengamos ocasión de un desarrollo humano y dispongamos de un ámbito en el que ese crecimiento acontezca efectivamente se encuentra en la noción de participación. En este sentido, los derechos humanos son completamente ajenos al desarrollo humano. Sencillamente porque si se trata de algo que tenemos por el mero hecho de existir como seres humanos, entonces estos no tienen ninguna vinculación con nuestra capacidad de despliegue. En suma, ni son un motivo para desarrollarnos ni quedan en peligro por el hecho de que no nos desarrollemos o fracasemos en nuestro desarrollo.

Vuelvo a hacer una analogía con el ámbito educativo. En un sistema educativo en el que se dijera que todo alumno, por el mero hecho de ser alumno, tiene derecho a una calificación sobresaliente, se desincentivaría el desarrollo intelectual del estudiante, porque se trataría de un patrimonio que el alumno tendría al margen o con independencia de la clase de desempeño que tenga. Incluso ese patrimonio no se vería en peligro por su comportamiento. Por lo tanto, el alumno tendría que buscar toda razón para desarrollarse fuera de su derecho, por algún otro motivo ajeno a él.

En suma, sólo es motivo e impulso para desarrollarnos aquello que podemos perder si no nos desarrollamos bien. Pero aquello que poseemos con independencia del ejercicio de nuestras capacidades, y que no podemos perder, hagamos lo que hagamos con nuestras capacidades, no constituirá nunca una razón para desarrollarse.

Pero ¿qué es lo que nos puede proporcionar una ocasión para desarrollarnos? Participar en la realización de proyectos que no sean meramente individuales, que sean más grandes que nosotros mismos. Algo que sea de mayor valía que lo que poseemos y somos como puros individuos. Eso es lo que nos puede dar la oportunidad de desarrollarnos.

Por ello, me parece que en las sociedades, sobre todo en las modernas, la gran obra política consiste en ser capaz de articular ese todo social en formas más pequeñas en las que se pueda dar de verdad una participación significativa que sirva de estímulo y ocasión para el despliegue humano. Es decir, tengo motivos para trabajar bien cuando veo que algo depende de cómo trabaje yo, del hecho de que, si yo trabajo mejor, aquello engrandece y mejora. Y, en consecuencia, me percibo más como miembro de mi entorno social. Pero en la medida en que nada ni nadie dependen de mí, no tengo ni motivo ni ocasión para ese desarrollo.

Si entendemos así la problemática planteada, comprendemos que lo que la sociedad, total o en cualquier otra forma (empresa, familia, escuela, etc.), otorga, es decir, los derechos, condiciona de qué manera uno puede aportar a esa forma social. Entonces, si mis derechos aparecen como estrictamente vinculados a mis responsabilidades, mi participación receptiva en la sociedad queda ligada a mi participación activa. De este modo, afirmar mis derechos consiste en estar protegiendo mis posibilidades de contribución al conjunto social y, por lo tanto, en estar afirmándome no como individuo, sino como ciudadano.

6. ¿Cómo aplicar un orden jurídico sobre el ser humano que dé cuenta, atienda su singularidad personal y el carácter excepcional e incondicional de su propio ser, tal y como aparece esbozado en el planteamiento kierkegaardiano?

Mi impresión es que Kierkegaard está atisbando algo verdadero cuando recalca el carácter incondicional y excepcional de la subjetividad humana, pero a la vez creo que está incurriendo en un error. Un error en el que caen muchos que quizá no hablan tanto de la excepcionalidad o singularidad del ser humano como de su dignidad.

Pero ¿cuál es ese error? A mi modo de ver, el tratar un rasgo o una dimensión del ser humano separadamente de otros rasgos que también son esenciales en él. Lo que quiero decir es que no se puede dar cuenta de la singularidad del ser humano o de la personalidad del ser humano, de eso que lo hace irrepetible e insustituible (siempre fin y nunca medio para otra cosa) al margen de su condición social. Y ello porque estamos hablando de la singularidad y dignidad de un ser que, por naturaleza, es social.

Eso significa que no podemos comprender esos rasgos en contraposición a la naturaleza social del ser humano. Si los entendemos por contraposición a esta naturaleza, no los estamos aprehendiendo humanamente. En todo caso, los estamos captando sobrehumanamente, pero no humanamente. De modo tal que esa singularidad ya no es o deja de ser la singularidad del ser humano. De hecho, esa personalidad, esa dignidad a la que queremos referirnos no se corresponde para nada con esa singularidad entendida sobrehumanamente. No es la singularidad de un ser que, por naturaleza, es social.

En este sentido, creo que hay que compatibilizar unos aspectos con otros para no descoyuntar al ser humano. Puesto que, si no procedemos así, por un lado, estiramos la singularidad o la dignidad hasta problematizar la sociabilidad o, por otro lado, estiramos la sociabilidad hasta problematizar la singularidad. He ahí la fuente de los errores.

Creo que, si tenemos en cuenta las dos dimensiones al mismo tiempo, tenemos que decir lo siguiente, aunque en primera instancia parezca algo perturbador: ni socialmente ni jurídicamente es posible atender la plena singularidad del ser humano. Ningún orden social puede tratar a todos sus miembros como perfectamente singulares. Precisamente la ley nos relaciona en lo que tenemos de común, pero no en lo que nos distingue. Ningún orden social puede estar considerando a sus miembros como una madre puede tratar a cada uno de sus hijos, a saber: en toda su singularidad. Y ello debido a que todo orden social se basa en lo común y no en lo distinto.

Hay que atender debidamente este aspecto para evitar el narcisismo del yo, derivado de los planteamientos individualistas. Esto es, un culto al yo por contraposición a todo lo que me rodea. Este culto se traduce en el hecho de afirmar de mí mismo sólo aquello que me distingue, pero no afirmar como parte de mí lo que me hace común a los demás, lo que me incorpora. Ese narcisismo del yo lleva a cultivar casi obsesivamente las peculiaridades individuales. Además, genera personas asociales y por ello conflictivas, que no tienen la capacidad de incorporarse a la sociedad, sea ésta la sociedad en su conjunto o las formas sociales más reducidas.

Ese culto a la propia peculiaridad acaba traduciéndose en un culto a la extravagancia. Uno quiere ser alguien completamente distinto. De este modo, sólo me acabo reconociendo en lo diferente. Lo común lo considero ajeno a mí mismo, impuesto, sobreañadido. Sólo concibo como lo auténticamente mío lo que no se da más que en mí. Esa actitud es una actitud contraria a la propia de un ser naturalmente social y por tanto, contraria al desarrollo humano.

En este sentido, creo que el único modo de atender debidamente a la singularidad de la persona humana es considerarla como una manera eminente de participar en algo común. El ejemplo o la comparación más usual a la hora de ilustrar esta cuestión es la lengua.

¿Qué supone tener una lengua? Estar incorporado a una comunidad de habla. Una vez comprendido esto, en cuanto sujeto hablante, singularizarme no puede consistir en hablar de tal manera que nadie me entienda. Eso no es tener personalidad. Eso no es singularizarse. Eso sencillamente es incomunicarse y ser incompetente, no sólo social, sino lingüísticamente. Así, la singularidad como sujeto de habla sólo puede estribar en tener un dominio eminente de la lengua que comparto. Eso sería un poeta. Un poeta no es singular por hacer un uso ininteligible del lenguaje o por hacer un uso incorrecto del lenguaje, sino al contrario, por un empleo verdaderamente eminente de la lengua. Esa es su manera de singularizarse, la de un ser que, por naturaleza, es social.

A mi juicio, esa es la vía por la que tenemos que buscar esa singularidad, esa excepcionalidad, ese carácter irrepetible de cada ser humano. Se trata, así, de personalizar lo común, pero sin abandonar con ello un sentido individual.

Es más, podemos fácilmente constatar que por la vía de la individualización (la de anular la dimensión social del hombre) no vamos precisamente en dirección hacia la singularidad. Todo lo contrario. De hecho, es el modo en el que menos singulares somos, porque en cuanto individuos somos idénticos a cualquier otro. En nuestra individualidad no somos más que un caso. Es así que cuando somos más parecidos los unos a los otros y resultamos más indistinguibles, entonces nos encontramos desnudos. En lo que podemos singularizarnos es en el modo de vestir. Pero el modo de vestir es siempre la participación en algo común.

Hay que buscar la singularidad por esta vía, no por la vía de la abstracción ni de la individualización ni de la desocialización. De hecho, el camino correcto para encontrarla y desarrollarla es la participación eminente, sobresaliente en lo común.

XI

La condición de víctima

Entrevista a Olga Belmonte García

*Escuchando a las víctimas aprendemos a discernir y valorar el contenido
y la enseñanza universal que encierra su experiencia subjetiva.*

Hablamos con Olga Belmonte García sobre la condición de víctima y su importancia antropológica. Olga Belmonte es profesora de filosofía en la Universidad Complutense de Madrid y autora del relevante ensayo *Víctimas e ilesos. Ensayo sobre la resistencia ética.*

1. ¿Es un hecho inevitable que en el mundo haya víctimas?, ¿no somos todos de alguna manera víctimas en la medida en que somos afectados por el mal?

Yo no procedería a una afirmación generalizada acerca de la condición de víctima y su carácter inevitable. Más bien, señalaría que en la realidad hay víctimas inevitables. Pensemos en las víctimas de accidentes fortuitos, desastres naturales, etc. En esas ocasiones, aunque haya podido existir un margen para la previsión, e incluso la prevención, podemos entender, sin embargo, que hay ciertas circunstancias que están fuera de nuestro control y que, por lo tanto, las víctimas que se han generado a partir de esos accidentes fortuitos no se podían haber evitado.

Ahora bien, sí hay víctimas que podrían ser evitables. Esas son aquéllas a las que me he referido en mi ensayo Víctimas e ilesos y las que han constituido el objeto de mi principal interés y preocupación, a saber: las víctimas que han llegado a ser tales porque alguien las ha convertido en víctimas. Y todo ello debido a las acciones voluntarias de un victimario o verdugo. A estas víctimas las califico en mi ensayo como víctimas morales.

De este modo, aunque podamos señalar que en cierta medida todos podemos llegar a ser considerados como víctimas en un sentido amplio, e incluso desde un plano metafísico (por vernos afectados de uno u otro modo por el mal), cuando entramos en la reflexión acerca del mal moral, sí conviene precisar, distinguir y entender que no todos somos víctimas de un mal moral, y mucho menos en el mismo sentido. En este caso, es la víctima la que es llevada a esa situación, es decir, la que es victimizada por alguien.

Creo que esto es importante distinguirlo, porque decir que todos somos víctimas tiene dos peligros:

1)   El riesgo de caer en el victimismo viendo enemigos por todas partes y creyendo que el culpable de todo lo que me ocurre está fuera siempre. En este sentido, conviene distinguir entre víctimas imaginarias y víctimas reales, precisamente porque hay víctimas que se consideran a sí mismas víctimas con base en anticipaciones ilusorias sin que haya ocurrido realmente nada o sin que nadie les haya hecho nada. De hecho, la víctima real, la víctima moral, no cae necesariamente en el victimismo. En algún momento puede caer en él al generar cierta dependencia con su propia condición de víctima. Pero ese es otro tipo de victimismo. No es el de la víctima imaginaria.

2)   Otro peligro lo constituye el panvictimismo. Éste lleva a eludir las responsabilidades individuales. Es decir, que cuando todos somos víctimas, nadie es culpable. Todos partiríamos de la misma situación de haber sufrido algo y, de esta manera, no se podrían depurar las responsabilidades individuales.

Es precisamente por ello que creo que para evitar ambos escollos (el victimismo y el panvictimismo) es importante no quedarnos con la afirmación de que todos somos víctimas, aunque se entienda que, a la luz de una consideración metafísica del mal, sí podamos llegar a serlo.

2. ¿Por qué el testimonio de las víctimas tiende a ser tratado como si no fuera objetivo, como si no respondiera a la realidad de los hechos?

A la hora de discriminar la idea de si la víctima está o no en posesión de la verdad (la verdad objetiva), resulta necesario distinguir planos. La víctima está en posesión de la verdad acerca de lo que ella misma ha sufrido. Eso es incuestionable. No es una opinión. Es más, no estamos legitimados para sospechar del relato de lo que ella siente y ha sufrido. En este sentido, la víctima sí está en posesión de la verdad. Su relato constituye una expresión real y verdadera de lo que acaba de sufrir.

Ello no quiere decir que la víctima tenga una perspectiva total de lo que ha ocurrido. Esa perspectiva total no sólo requiere de su relato, sino también de algún testigo, de la búsqueda de información adicional, e incluso del relato aportado por el victimario.

Pero lo que sí creo es que debemos aprender socialmente a escuchar los testimonios de las víctimas creyéndolos desde el principio. Creyendo en su relato como reflejo de su propio sufrimiento. Eso no podemos cuestionarlo. Es la verdad de lo que ellos han sufrido. Ahora bien, que eso sea lo que ha ocurrido en un sentido más amplio, es algo en lo que se deberá indagar y ver desde otras perspectivas.

Por otra parte, también es preciso reseñar el hecho de que tendemos a infravalorar lo subjetivo. Incluso desde la propia filosofía, que tiende más a valorar lo universal, lo que se puede generalizar y conceptualizar. Pero lo que aprendemos de este tipo de aproximaciones a la realidad (la de las víctimas) es que en esas experiencias subjetivas hay mucho contenido universal. Esto es, se pueden extraer enseñanzas universales de experiencias subjetivas.

Es así que, al escuchar el testimonio concreto de una víctima no podemos generalizar, pero sí sacar enseñanzas relevantes acerca de la vida, el sufrimiento y el ser humano. En este sentido, tenemos que recuperar y revalorizar la importancia de las experiencias individuales y subjetivas, como fuente de otro tipo de sabiduría, aunque ésta no sea la objetiva.

3. ¿De qué modo la comunidad de los ilesos puede recibir el sufrimiento de la víctima sin silenciarlo en su corazón?

Aquí resulta clave considerar el hecho de cómo nos disponemos a escuchar y recibir el relato de las víctimas. Se trata de prepararnos para estar en una situación en la que el centro sea la víctima y no nosotros mismos, es decir, que vamos a escuchar o recibir su testimonio.

A mí en este punto me viene a la cabeza la reflexión de Simone Weil, quien señala que a la hora de encontrarnos con el sufrimiento del otro, con su desdicha, hay que vaciarse de todo contenido propio para dejar que el otro (y que ese relato del otro) quepa en nosotros. ¿Cómo? Sin hacer proyecciones, sin tener prejuicios, sin juzgar lo que estamos escuchando, sin poner nuestros sentimientos por en medio. A veces cometemos el error, cuando empatizamos con el otro, de acabar apoderándonos de lo que la otra persona siente.

A este respecto resulta necesario mantener la contención para comprender que eso que está ocurriendo ahí no es algo mío, sino de la otra persona. En este sentido, lo que tengo que hacer es abrir un hueco, crear un espacio en mí, volverme un cuenco para acoger y recoger eso que está relatando la víctima.

Es más, incluso a veces, no entendemos el sufrimiento de la víctima porque no sabemos qué hacer con él. Y como estamos en una sociedad del hacer y del resolver, no nos damos cuenta de que, ante esas situaciones, cuando son irresolubles y la víctima sólo necesita que la escuchen, no hay nada que hacer. Lo que se debe hacer es precisamente no hacer nada. Solamente escuchar y no tender a resolver en ese preciso momento.

De hecho, la prisa por resolver un problema esconde, en el fondo, nuestra incapacidad para ver el sufrimiento del otro y situarnos ante él. La disponibilidad para acoger el sufrimiento del otro requiere de tiempo, paciencia y capacidad para contemplar esa situación de dolor sin querer resolverla apresuradamente. En este punto nos hace falta un corazón paciente, que pueda recibir el sufrimiento del otro sin silenciarlo y sin querer resolverlo. Muchas veces el sufrimiento es como una herida que tiene que sangrar y ya está. No hay que taparla como si ésta no se hubiera producido.

Esta actitud juega un papel relevante, debido a que contribuye de una forma genuina a evitar el fenómeno de la revictimización de la víctima, a saber: el hecho de volver a hacerla pasar por determinadas situaciones. A este respecto no se le puede culpar, no se puede juzgar lo que ha vivido, no se le pueden reprochar determinadas actitudes que ha tenido. No se puede hacer nada de eso.

Tampoco le hace ningún bien a la persona (a la víctima) el justificar teológicamente su sufrimiento ("Dios de los males saca bienes"), porque, aparte de provenir esa justificación de una falsa idea de Dios, el sufrimiento de la víctima en sí mismo no sólo pierde sentido, sino que no puede ni debe tenerlo. Otro asunto es que ante su sufrimiento la persona pueda encontrar cierto bálsamo en su fe, pero de ello no se deduce que el sufrimiento sea un camino hacia otro lugar, hacia una especie de trascendencia. Es más, a mí me parece que semejantes modos de pensar entierran a la víctima en su sufrimiento y contribuyen en todo caso a revictimizarla. En este sentido, ninguna víctima se vuelve mejor persona a partir de ese sufrimiento que está pasando, sino precisamente a pesar de él, a pesar de que éste nunca debía haber ocurrido.

4. En tu libro *Víctimas* e *ilesos* llegas a hablar de un derecho al resentimiento en las víctimas. ¿Existe algún límite para ese derecho?

En mi ensayo tomo la expresión del derecho al resentimiento de Jean Améry, una víctima que estuvo en el campo de concentración de Auschwitz. Jean Améry expresa esta idea del derecho al resentimiento en el contexto de una sociedad alemana en la que se estaban intentando dar pasos hacia adelante bajo la perspectiva de la reconciliación y el perdón tras los acontecimientos desastrosos de la Segunda Guerra Mundial. Según Améry, ese proceso de reconciliación (auspiciado incluso por filósofos, como Martin Buber) se estaba llevando a cabo sin considerar realmente la situación de las víctimas en ese momento.

Para Améry, esto constituía una falta de respeto hacia las víctimas y su sufrimiento. Por eso, él defiende el derecho al resentimiento. Es decir, las víctimas tienen derecho a no poder perdonar, a quedarse ancladas en ese pasado que duele. En definitiva, cuentan con el derecho a no querer avanzar por una cuestión de ser conscientes y coherentes con lo que ellas están sintiendo. En este sentido, ese derecho al resentimiento no es una decisión. Constituye más bien el acontecimiento inevitable e irreprochable de no poder perdonar.

Ahora bien, siempre los derechos tienen el reverso de un deber. Esto es, no habría derechos si no hubiera deberes o responsabilidades por parte de alguien para que esos derechos fueran garantizados. Por eso me preguntaba, al hilo de esta cuestión, cuál es el deber social que está tras ese derecho (el derecho al resentimiento). El deber sería el de no forzar a las víctimas a dar pasos para los que no están preparadas. La sociedad tiene la responsabilidad de no obligarlas a que tengan que perdonar, reconciliarse o pasar página si no pueden. Es por ello que el derecho al resentimiento en las víctimas ha de ir acompañado de un deber social: el de respetar sus tiempos y también su incapacidad para perdonar.

Pero, en todo caso, ¿cuál es el límite de ese derecho al resentimiento? Yo lo pondría en la situación de cada víctima. Considero que en la víctima siempre hay un momento en el que ésta no puede perdonar, reconciliarse con lo que ha ocurrido, con su pasado. Y eso hay que respetarlo. Pero en la propia víctima también se puede dar un movimiento en el cual perciba que quedarse anclada en el pasado no le permite seguir viviendo. Creo que ése es el límite. Éste comparece cuando el propio anclaje de la víctima a su pasado no le impide integrar y superar lo ocurrido.

En suma, cuando la víctima siente la necesidad de alejarse de ese lugar interior en el que se está ahogando, es ése precisamente el momento para empezar a salir de los límites del derecho al resentimiento.

A la hora de afrontar este proceso, la víctima necesitará ayuda, pues muchas veces no podrá hacer ese movimiento sola. Pero la vía de salida de ese derecho al resentimiento no tendrá que ser necesariamente el perdón, sino que se basará fundamentalmente en la capacidad de la víctima para integrar y superar el pasado de la forma y manera en que pueda, para no quedar vinculada a su resentimiento. No obstante, se deben respetar los tiempos de la víctima tanto para quedarse en el resentimiento (pues éste supone asumir que se ha sufrido), como para ayudar a ésta a no quedar anclada en él, en la medida —eso sí— de sus posibilidades.

5. ¿Cuáles son los modos fundamentales por los cuales el agresor (el victimario) tiende a justificar su propio mal?

De entrada, normalmente el victimario atribuye o justifica su propio mal mediante la comprensión de éste o bien, como fruto de un arrebato, o como resultado de una situación espontánea de enajenación y descontrol en la que hace daño a alguien por una cierta ceguera, o como consecuencia de cierta enfermedad mental. Ese tipo de justificaciones no constituyen en todo caso el porcentaje más amplio a la hora de definir o determinar las relaciones entre víctima y victimario, pero es un hecho que también se dan y se pueden llegar a esgrimir como una excusa por parte del victimario.

Pero también hay casos de personas que disfrutan haciendo daño a los demás. En ellas, existe un desajuste que se traduce en una especie de sadismo, esto es, en el hecho de sentir placer haciendo sufrir a otros. Ésa es otra posibilidad. Hablamos en este caso de personas especialmente malvadas.

No obstante, hay una reflexión introducida por Hannah Arendt y otros pensadores a raíz de las experiencias de la Segunda Guerra Mundial que es necesario recoger a la hora de dar cuenta de las relaciones entre víctimas y victimarios, a saber: la constatación de que existen personas ordinarias que son capaces de colaborar con males extraordinarios. Ahí hay otro mecanismo que hace actuar incluso con buena conciencia. Eso es lo que resulta extremadamente difícil de desarticular.

Y ello debido a que se trata de personas que justifican lo que están haciendo bajo el amparo del cumplimiento de un deber superior que necesariamente ha de llevarse a cabo. La Segunda Guerra Mundial es un buen ejemplo, porque en ella se sistematizó el asesinato y, para realizarlo, no se recurrió a personas malvadas, sino a personas ordinarias, como tú y yo, que acabaron haciendo lo que hicieron.

Aquí, en estas personas, como podemos ya observar y deducir, se da otro tipo de motivación: la de seguir y secundar de forma fanática un determinado ideal (la patria, ciertas ideas o creencias). Con esos ideales, este tipo de personas se sienten tan identificadas que aquellos que las cuestionan o entorpecen su cumplimiento se convierten automáticamente en una amenaza para ellos. En este sentido, viven en unos marcos normativos, conceptuales, ideológicos o religiosos que los llevan a querer conseguir determinados objetivos arrasando con todo lo que suponga un obstáculo, incluidas las personas. El motivo de esta actitud es el siguiente: les importa más el cumplimiento de esa meta que lo que pueda acontecer con la vida de otras personas, a las que, por otra parte, se les considera ya como adversarias, enemigas de la propia causa.

Es así como estas personas creen estar cumpliendo con un deber. Y aunque quizá no les alegra o no expresan satisfacción por el sufrimiento ajeno, sí se enorgullecen de estar colaborando con el cumplimiento de un deber o una meta que consideran buena o justa.

Así, en este tipo de ejercicio del mal que hemos descrito, intervienen dos elementos. Por un lado, el modo en que se experimentan las propias ideas o creencias, que le hacen a uno vivir fanáticamente e identificarse con ellas hasta el punto de verse tiranizado por éstas. Y, por otro lado, el hecho de la deshumanización de la otra persona, la del enemigo, que lo lleva a uno a reducirlo a una cosa y a no verse afectado por su sufrimiento, a no empatizar con su dolor. En definitiva, a no lamentar que la persona sufra, porque en el fondo el fin justifica los medios.

En este punto, es necesario tener cuidado, porque se puede intentar imponer una determinada idea de bien pero arrasando con la bondad, esto es, no siendo en el fondo buenos con los demás. Entonces justo ahí es importante considerar si estamos ponderando la dignidad de las otras personas cuando procedemos a intentar alcanzar nuestras metas. Por ello hay que poner siempre en el centro esa dignidad, esa bondad. Esto debido a que quizá resulta preciso revisar esas ideas de bien, esos marcos normativos, morales o religiosos, que me convierten en una persona capaz de atentar contra otra por un "bien" mayor que no soy capaz de cuestionar.

6. ¿En qué medida el gesto del perdón puede llegar a subsanar el mal cometido?, ¿existe algún mal que sea imperdonable?

En primer lugar, lo que se puede sanar a través del perdón no es tanto el mal cometido, sino la herida que ha sufrido la víctima. Porque el mal como tal es irreversible. Lo que ha ocurrido no puede *desacontecer*. El mal está ahí y no lo podemos ni debemos borrar. En este sentido, no se puede decir con justicia que perdonar sea olvidar. Todo lo contrario. El mal está ahí, ha ocurrido y no lo podemos eliminar. Ni siquiera a través del perdón.

A este respecto el perdón tiene la capacidad de iniciar una nueva relación con el pasado para la víctima y también en algún sentido para el victimario (cuando éste ve la necesidad de ser perdonado). En este punto, el perdón evita el hecho de quedar estancado en el pasado, pero no borra en ningún momento lo que haya ocurrido. Ese no quedar estancado tiene que ver de alguna manera con sanar la herida sin borrarla, quedando la cicatriz. Lo que se hace con el perdón es poder sobrellevar aquello que se ha vivido. En suma, poder llevar uno su vida hacia adelante a pesar de lo que ha vivido.

El perdón, por su parte, puede ayudar al victimario cuando éste necesita el perdón y se reconoce culpable. Si no se reconoce culpable, difícilmente le puede ayudar, porque no va a recibirlo. Pero para que pueda arrepentirse y reconocer que necesita ser perdonado y así sanar esa situación del pasado, es importante que el victimario reconozca a la víctima y se reconozca a sí mismo como agresor. Se trata de que reconozca no sólo lo que ha hecho, sino también el sufrimiento que ha causado a la víctima. En resumen, tiene que poner el sufrimiento de la víctima en el centro.

Ahora bien, en el tema del perdón es preciso comprender que éste no se puede exigir. El perdón es un don. Es algo que no constituye el resultado del propio esfuerzo. O llega la necesidad de perdonar o no llega a la víctima. Y, por otra parte, como ya hemos señalado antes, no anula el pasado. El pasado ha acontecido y no se puede borrar.

Con respecto al tema de si existen males imperdonables, Jacques Derrida señala que sólo tiene sentido perdonar lo imperdonable, porque lo perdonable ya de alguna manera viene perdonado. Si algo es perdonable, es porque ya contiene en sí la categoría de lo que es o resulta perdonable.

Pero ¿cuándo tiene fuerza el perdón?, ¿cuándo introduce novedad el perdón? Cuando no te lo esperas. Cuando realmente parece imposible. El perdón es como una especie de don precisamente porque sorprende introduciendo novedad en la relación. Y el perdón tiene sentido sólo si parece imposible que llegue, porque se presenta allí donde parece que no se puede esperar nada más.

Por eso, la capacidad humana para perdonar a veces desborda la razón. Hay personas que son capaces de perdonar situaciones que a nosotros nos parecerían una locura. De hecho, hay víctimas que perdonan a victimarios que no conocen o a verdugos que no se arrepienten. Es más, se dan víctimas que para poder seguir viviendo ellas, para poder sanar sus heridas, necesitan pasar por el ejercicio del perdón, incluso aunque el verdugo no se arrepienta. Eso para la razón puede aparecer como algo fuera de la lógica, pero es que el perdón no sigue la lógica de la razón, sino del don, de lo que es inesperado. Por eso, existen personas que perdonan por encima incluso del grado de arrepentimiento de los verdugos.

En este sentido, Derrida afirma que el perdón es un don extraordinario sometido a la prueba de lo imposible. Cuando algo parece imposible, entonces llega el perdón y acontece, a saber: una novedad que permite, por el hecho de ser tal, iniciar una nueva relación con el pasado. A este respecto Emil Fackenheim señala que en el perdón lo que parece ontológicamente imposible se vuelve moralmente necesario. Ahora, esa necesidad moral no hay que entenderla como algo que se pueda exigir, sino más bien como algo que la víctima necesita para poder seguir avanzando. Cuando eso se produce, entonces tiene sentido el movimiento hacia el perdón.

Por eso, hay víctimas, como Jean Améry, que señalaban que no se les podía exigir el perdón. Y ello debido a que no se puede perdonar en masa. La sociedad no puede perdonar. El perdón tiene que ver con una relación entre la víctima y el victimario o con el verdugo. Entonces, o la víctima tiene la necesidad moral de perdonar o no tiene ningún sentido recomendar el perdón ni mucho menos exigirlo. Tampoco resulta lícito, desde esta perspectiva, valorar como moralmente mejores a las víctimas que perdonan frente a aquéllas que no lo hacen. Moralmente no se puede entender como mejor persona a la víctima que perdona, porque el perdón es un don y no se puede exigir. O llega o no. En este punto, no se debe revictimizar a la víctima que no es capaz de perdonar.

Ello no impide que pueda darse un perdón más allá o incluso con independencia del reconocimiento del victimario. De hecho, esto que señalo viene confirmado por algunas experiencias que he escuchado. Me refiero al caso de una mujer cuyo marido fue víctima de ETA. Ésta señalaba que necesitaba perdonar para poder seguir avanzando incluso sin saber quién había matado a su marido y sabiendo además que ETA nunca iba a reconocer su culpabilidad por el delito cometido. Aun así, ella interiormente necesitaba perdonar y perdonó para poder seguir viviendo.

La reciente película *Maixabel* (2021) recoge algo similar: la experiencia de una persona que necesita perdonar. Y para hacerlo necesita encontrarse con el victimario. Necesita tener una conversación con él. Su posición es francamente respetable, incluso a pesar de que ETA no condenase en ese momento los atentados. En su caso, los victimarios sí se mostraron arrepentidos a la hora de hablar con ella. Pero también es respetable la postura de su hija, que es incapaz de perdonar. Ésta respeta a la madre que necesita hacer ese tipo de encuentros. Pero ella no está preparada y no siente la necesidad de perdonar. En este sentido, el hecho de que haya personas que no sean capaces de perdonar es totalmente respetable. Ese espacio tiene que existir, esto es, la mirada de alguien que dice: "Lo siento, pero no puedo perdonar esto".

Algo parecido sucedió en el caso de una mujer de Ruanda, quien sufrió el asesinato de su marido durante el genocidio. Cuando se establecieron los procesos judiciales para discriminar las culpabilidades de los responsables, ella señaló que necesitaba saber el nombre de aquella persona que había matado a su marido, pero no para vengarse, sino para poder perdonarla, seguir viviendo y cerrar sus heridas. No le importaba saber si el que había matado a su marido se había arrepentido o no. Tampoco le interesaban las circunstancias de la muerte de su marido. Tan sólo quería disponer de un nombre para poder colgar de él un perdón.

Ello revela el hecho de que hay víctimas que viven en un perdón que es capaz de perdonar más allá de lo esperable, e incluso del reconocimiento de sus victimarios. Pero hay que tener en cuenta que esto sigue siendo un misterio. En este punto tratamos con realidades que no se pueden forzar y ni siquiera recomendar. En este sentido, hay que tener mucho cuidado con la justicia restaurativa, porque no se puede forzar a la víctima a iniciar procesos de perdón y reconciliación. No podemos situarlo como la meta para todas las víctimas. Son la propia víctima y el propio victimario los que en un determinado proceso de acompañamiento y sanación pueden llegar a un punto en el que ambos decidan, cada uno por su lado, entregarse al dinamismo del perdón. Si eso no se produce, desde fuera no se puede forzar. No tiene sentido. Y no es mejor una víctima que logra llegar hasta ahí. No es la meta que hay que alcanzar. Si se produce, es de hecho un don, un regalo e incluso un milagro, pero no se puede violentar ese proceso en ningún caso.

7. ¿Puede existir una resistencia ética en la víctima cuando ésta se encuentra en un estado de completa desgracia (esto es, de hundimiento)?

Partiendo de la idea que hemos sentado de que el perdón no se puede demandar, también creo que en el caso de la situación de la víctima que está sufriendo la desdicha no se le puede exigir una resistencia ética, porque no es dueña de lo que le está ocurriendo y por tanto tampoco es dueña de sus actos en esa situación. Esto es, no está en una situación de igualdad de condiciones con el victimario. No es un duelo con él en donde pueda elegir, precisamente porque la libertad de la víctima está comprometida. Y si está comprometida, su capacidad de respuesta también. Por lo tanto, exigir ahí un tipo de respuesta o un tipo de comportamiento ético no sería la vía ni tampoco resultaría algo adecuado.

Ahora bien, si analizamos su condición desde fuera, podemos decir, con Franz Rosenzweig, que ver a alguien como un ser humano es ver que no es un pedazo de carne, que no es un mero pedazo de mundo. En este sentido, en la medida en que la víctima existe y se mantiene viva, incluso gritando por el dolor que sufre, esto ya constituye un acto de resistencia ética. Es una situación en la que la víctima está resistiendo éticamente por el mero hecho de existir, porque le está recordando al verdugo o victimario que no es un mero pedazo de mundo, sino un ser humano. Pero esto acontece de tal manera que es como si la propia humanidad estuviera resistiendo en él, aunque esto no tenga lugar como un acto propio que se pueda recriminar o no posteriormente.

A este respecto, Jean Améry señalaba lo fácil que resulta juzgar y reprochar a las víctimas que no resistieron lo suficiente frente al victimario. Ese tipo de reproches son muy dolorosos para la víctima, porque en su situación de sufrimiento, o incluso de tortura, su libertad se halla absolutamente comprometida o anulada. Sólo le queda en estos casos ser un humano y no un pedazo de mundo o una cosa.

Yo creo que la víctima sólo por el mero hecho de estar ahí, de mantenerse viva y de ser, le está diciendo al victimario: "Soy un ser humano y no una cosa". Y eso es para mí una forma de resistencia ética. No lo llamaría gesto de resistencia ética, porque no es una actitud positiva consciente en la que uno pone algo, sino que más bien se da por el mero hecho de ser. Ahí ya hay resistencia.

Otra cuestión más compleja es que la víctima luego pueda encontrar sentido o no a su dolor. Allí podemos encontrar a una Etty Hillesum que es capaz de encontrar esperanza en la peor de las situaciones y de afirmar que la vida sigue teniendo sentido y es maravillosa, a pesar de todos los males. No obstante, no se le puede pedir a la víctima ese gesto. Pero sí, a los que yo llamo los ilesos en mi ensayo. A quienes hay que exigir resistencia ética es a los ilesos. Ellos sí tienen el deber de resistir éticamente a la posibilidad de ejercer el mal, o de ser cómplices de éste, o indiferentes frente a él.

XII

El significado antropológico del mal en el hombre: la doctrina kantiana del mal radical

Entrevista a Leonardo Rodríguez Duplá

Hemos de atemperar la tendencia a subrayar el pesimismo antropológico kantiano. Para Kant, estamos, pese a todo, hechos para el bien.

Hablamos con el doctor Leonardo Rodríguez Duplá acerca de la doctrina kantiana del mal radical y su importancia para comprender el dinamismo moral y antropológico de la existencia humana. Leonardo Rodríguez es catedrático de filosofía moral en la Universidad Complutense de Madrid y autor de destacadas obras en el campo de la ética filosófica, como *Deber y valor* (1992), *Ética* (2001), *Ética de la vida buena* (2006) y *El mal y la gracia: La religión natural de Kant* (2019).

1. En su obra *El mal y la gracia: La religión natural de Kant* propone una hermenéutica de la obra kantiana que no rechace su doctrina del mal radical como un cuerpo extraño. ¿Cree a este respecto que la disciplina que Kant establece para la razón teórica tiene que ver de alguna manera con su rescate de una teoría del pecado original?

En la comprensión de esta cuestión ha sido habitual un tipo de análisis del que en mi libro he pretendido distanciarme. Ha sido muy frecuente presentar aspectos centrales de la filosofía de Kant como un reflejo o una consecuencia de factores extrafilosóficos que habrían influido en su pensamiento. Por ejemplo, la cuestión referida a los límites de la facultad cognoscitiva del hombre, es decir, la tesis de que la razón teórica en el ser humano no puede conocer la realidad tal y como es en sí misma, se explica en no pocas ocasiones como una consecuencia del énfasis típicamente luterano en la corrupción de la naturaleza humana acontecida con el pecado original. En definitiva, como Kant estaría imbuido de esa mentalidad luterana, tiene que poner límites al conocimiento, porque nuestra facultad cognoscitiva estaría tan corrompida como nuestra voluntad.

Este enfoque también afectaría la tesis del mal radical, que constituiría el doblete filosófico del dogma del pecado original. A este respecto, el mal radical en Kant se entiende como una consecuencia de la formación del joven Kant en un ambiente religioso pietista. Así, podemos constatar —en las investigaciones actuales— la tendencia a atribuir ciertos rasgos centrales del pensamiento de Kant a influencias ambientales, culturales, etcétera.

En mi libro he tomado una posición distinta. He intentado presentar la religión natural preconizada por Kant como fruto de un esfuerzo estrictamente filosófico y, en ningún caso, como resultado de condicionamientos psicológicos o ambientales. En este sentido, he tratado de sacar a la luz y discutir los argumentos racionales con los que Kant justifica los aspectos principales de su posición en materia religiosa, como la teoría del mal radical, la gracia, su interpretación de la figura de Cristo o incluso su eclesiología racional.

La conclusión que he alcanzado a partir de dicho estudio es que la filosofía de la religión de Kant es un todo coherente. Y ese todo coherente, que es la filosofía de la religión kantiana, se inserta sin fricciones en el conjunto del proyecto crítico kantiano. Ahora bien, ¿hasta qué punto en la génesis del pensamiento kantiano podemos encontrar anticipaciones de su posicionamiento en temas de religión? Nótese que el libro de Kant, La religión dentro de los límites de la mera razón, es una obra tardía. Y, sin embargo, en la célebre carta a Lavater, escrita 20 años antes de dicho libro sobre la religión, Kant anticipa muchos de los contenidos centrales de su propia posición. Así, no podemos dejar de señalar que Kant concibió todo su pensamiento crítico como una unidad. En este sentido, me parece que no se puede hablar de la filosofía de la religión kantiana o en particular, de su doctrina del mal radical, como de un cuerpo extraño. Se trata de una cuestión bien argumentada y que encaja bien con el conjunto del sistema creado por Kant.

2. ¿Cómo hay que entender el sorprendente aserto kantiano según el cual no sólo podemos llegar a inferir que todos los hombres son malos, sino, más concretamente, que este hombre —el que tengo enfrente— sea malo?

En este punto, la argumentación de Kant es muy elaborada y a la vez escalonada. Hay que dar varios pasos para asentar la tesis defendida por él. En primer lugar, se debe mostrar que podemos llegar a saber con certeza que hay acciones malas. Aunque la existencia de acciones moralmente malas pareciese algo evidente, Kant percibe una dificultad para notarlo. Dicha dificultad estriba en que el valor moral de las acciones depende, a su juicio, de los motivos que las inspiran. Y, a este respecto, Kant ha sostenido que no podemos ver los motivos últimos de la conducta.

Sin embargo, su respuesta es que, si bien no podemos ver los motivos últimos que inspiran nuestra conducta, sí que podemos inferirlos. Kant está seguro de que quien realiza una acción que él mismo considera contraria al deber, ese individuo contrae una culpa moral. Pues ese modo de proceder presupone la adopción de la máxima suprema egoísta que somete el cumplimiento del deber a la condición de concordar con la satisfacción de nuestras inclinaciones.

Se da aquí una curiosísima asimetría. Kant cree que uno nunca puede llegar a saber que ha realizado una acción moralmente buena. Pero uno sí puede llegar a saber que ha realizado una acción moralmente mala, a saber: cuando se hace lo contrario de lo que uno mismo considera que debería hacer. Éste es un primer nivel argumentativo mediante el cual Kant justifica su creencia de que hay acciones moralmente malas.

El segundo paso consiste en mostrar que el sujeto que realiza esa acción mala es en sí mismo malo. Esta tesis es contraintuitiva, porque normalmente tendemos a pensar que la gente puede realizar acciones buenas o malas. Esto es, que quien es malo en unas cosas puede llegar a ser bueno en otras. Kant, en cambio, suscribe la doctrina rigorista, según la cual no se puede ser bueno en parte o malo en parte. O se es completamente bueno o se es completamente malo. Si esto es verdad, entonces quien realiza una mala acción, incluso una sola, es forzosamente malo.

Y todavía nos encontramos con un tercer paso argumentativo, que constituye el más difícil de dar y el más controvertido. Y es que no sólo hay ciertas acciones de algunos hombres que nos muestran que ellos son malos, sino que todos los hombres son moralmente malos. En mi libro he sostenido que el argumento mediante el cual Kant intenta probar la universalidad del mal es una tesis que posee una complejidad y un peso mucho mayor de lo que en inicio cabría pensar.

A mi modo de ver, el argumento por el cual Kant muestra la universalidad del mal en el hombre es lógicamente impecable desde el punto de vista de la crítica inmanente a sus propios planteamientos. Dicha coherencia se explica en virtud de una de las tesis kantianas más características de su posición ética, la cual establece que las máximas supremas sólo pueden ser dos: o bien someto la satisfacción de mis inclinaciones a su concordancia con el deber, o bien, someto el cumplimiento del deber a la concordancia con la satisfacción de mis inclinaciones. A este respecto, uno podría plantearse cuántas inclinaciones se pueden exceptuar o privilegiar según convenga para favorecer o fomentar un obrar moral más o menos bueno. Sin embargo, dicho cuestionamiento escapa a la coherencia del argumento kantiano, según el cual el hombre es o del todo bueno o del todo malo en virtud de la adopción de una máxima suprema única.

Se trata de una tesis muy fuerte que, sin embargo, tiene valor como correctivo de nuestra tendencia habitual, o bien a absolvernos presurosamente de nuestras culpas o bien, a escudarnos en las acciones buenas que podamos haber hecho en otras ocasiones. A este respecto, o uno respeta la ley moral y tiene en cuenta que la ley moral es una y, con ello, llamada a ser asumida en bloque, o uno empieza a hacer ciertas excepciones. En el momento en que se comienzan a hacer esas excepciones, el sujeto está dando a entender que antepone la satisfacción de ciertos intereses egoístas al cumplimiento del deber. Que esa acción no sea algo habitual constituye un aspecto contingente para Kant. Quizás ello se deba a que no se le presenta a esa conciencia a menudo ese conflicto entre sus propias inclinaciones y la conciencia del deber. Esta tesis kantiana es digna de atención a todas luces por el valor que tiene para transformar y regular las conductas.

3. ¿Cuál es el valor que a su juicio ha de atribuirse a la prueba protocolaria que Kant parece postular a la hora de afirmar la maldad en el hombre?

La prueba de la universalidad del mal constituye la tesis fuerte que ocupa la primera de las cuatro partes del libro La religión dentro de los límites de la mera razón. Se trata de una prueba compleja. Uno de sus elementos es la comprobación empírica de la sobreabundancia del mal en la historia humana. Pero hay que tener en cuenta que esa comprobación empírica se combina con otros aspectos decisivos de la teoría moral kantiana. Por ejemplo, con el extraordinario rigor, la extraordinaria exigencia del ideal moral que nos impone la razón o con la crítica del latitudinarismo a la que he hecho referencia en la pregunta anterior, o incluso con la doctrina de la disposición original al bien dada en la naturaleza humana.

A este respecto, yo he tratado de mostrar que todos estos elementos que acabo de mencionar se entrelazan en el pensamiento kantiano conformando así un argumento de gran coherencia, de suerte que, el juicio que nos merezca la prueba kantiana acerca de la universalidad del mal dependerá del valor que concedamos a cada uno de los elementos que intervienen en dicha prueba. Por eso, en mi libro, he intentado desglosar esos elementos y ponerlos ante la mirada del lector para ser discutidos. Lo que no podemos hacer es desembarazarnos de la prueba alegando que ésta no demuestra nada y que la doctrina del mal radical no es más que un intento de Kant por aplacar a la ortodoxia religiosa prusiana.

En este sentido, cito al comienzo del libro una carta célebre de Goethe a Herder en la que se indigna al leer la primera parte de La religión dentro de los límites de la mera razón, publicada antes que el resto del libro. Goethe dice que es una vergüenza que Kant haya vuelto a hablar del pecado original. Además, lo interpreta como un intento de Kant de congraciarse con las autoridades religiosas. Dicha postura, a mi juicio, tendría como consecuencia directa una desatención indebida a la naturaleza filosófica del argumento y la naturaleza racional de las premisas en las que se fundará la prueba kantiana.

Lo que he intentado hacer en mi libro es desglosar la prueba y ver cuáles son los mimbres con los que se entreteje. Se trata con ello de valorarlos como argumentos filosóficos que podrán ser aceptados o rechazados. Pero, en todo caso, han de ser conocidos y discutidos con profundidad.

4. ¿En qué sentido Kant señala que la mentira es la verdadera expresión del mal radical en el hombre?

Para encuadrar esta pregunta, conviene recordar que la expresión "mal radical" la utiliza Kant en tres sentidos diferentes, aunque relacionados. En el sentido más propio, el mal radical alude al acto inteligible, nouménico, por el que se adopta la máxima suprema mala. En segundo lugar, el mal radical se refiere a la propensión al mal, esto es, la traducción empírica de esa decisión nouménica.

Y, en tercer lugar —y con ello llegamos al corazón de tu pregunta—, Kant habla del mal radical para reseñar ciertas artimañas de las que se vale el ser humano para engañarse a sí mismo acerca del valor moral de su propia conducta. La idea es que no sólo —como es evidente— mentimos en ocasiones a nuestros semejantes, sino que muy a menudo nos mentimos a nosotros mismos, nos embaucamos con argumentos manipulados que justifican, facilitan y allanan el camino de la infracción de la ley moral. A este respecto, si yo estoy persuadido de ser una persona moralmente buena, lo tendré mucho más fácil a la hora de convencerme de que la infracción que estoy tentado de realizar no es tan importante, porque en el fondo no contamina mi condición moral. Se trataría de una excepción justificada.

Son justo estos fenómenos de autoengaño a los que se refiere Kant con una expresión muy célebre y citada: "la mancha pútrida de nuestra especie". El mal radical sería así esa mancha. Se trata de una mentira de la que somos a la vez autores y víctimas.

Estas palabras tan duras que acabo de citar obedecen al hecho de que el autoengaño moral no sólo es para Kant una manifestación del mal radical en nosotros, sino también es una traba que dificulta extraordinariamente nuestra conversión al bien. Y todo ello debido a que quien está persuadido de su propia bondad, no percibe su necesidad de convertirse al bien. Se cree ya inserto en él. Por eso, esta tendencia al autoengaño moral se revela como especialmente perniciosa. En este sentido, Kant señala que no es ni mucho menos algo casual que en la Sagrada Escritura al demonio se le conozca como el padre de la mentira.

A este respecto, hay un texto impresionante de Kant en el que entona un himno a la sinceridad. La sinceridad es crucial para Kant, porque sin la sinceridad hacia nosotros mismos, sin la renuncia al autoengaño y la mentira que nos autoembauca, no hay posibilidad de salir del mal radical.

5. Desde la perspectiva kantiana, ¿estamos forzosamente abocados al autoengaño en todo aquello que supone la puesta en juego de nuestra propia condición?

En la medida que la mentira es una manifestación del mal radical, tenemos que decir que, desde el punto de vista de Kant, todos los hombres estamos afectados por la mentira. Excluir a un solo hombre de la mentira sería tanto como excluirlo de la condición de malo.

Y, sin embargo, esto no quiere decir que seamos necesariamente prisioneros de esa mentira. De hecho, Kant sostiene que es posible escapar de las redes del autoengaño. Es factible, por tanto, realizar la revolución interior mediante la cual se adopta la máxima del bien. Esa revolución es posible, porque Kant dice que, en todo hombre, incluso en el más corrompido, se conserva siempre un germen del bien. El hombre no puede dejar de oír en su interior la ley moral que impone respeto. El hombre conserva siempre la libertad de su albedrío de manera que puede optar entre el bien y el mal.

Pero, desde luego, no podrá convertirse al bien si no es sincero consigo mismo, si no evita autoengañarse. En todo caso, puede hacerlo. En el mal radical como autoengaño hay siempre un factor de mala fe. Uno se autoengaña, pero en el fondo sabe que lo está haciendo. Luego, también es posible salir de él, del error.

A la vez, querría añadir algo que me parece importante. Esta afirmación tan tajante de la libertad moral y de nuestra capacidad para volver a la senda del bien no ha de entenderse en el sentido del pelagianismo. Se ha atribuido a Kant en no pocas ocasiones una postura pelagiana, como si el hombre pudiera en virtud de una suerte de atletismo moral, por sus solas fuerzas, conquistar la perfección moral.

De hecho, Kant reconoce que el ideal moral que la razón nos impone es extraordinariamente exigente. Tan exigente que el hombre adolece de una incapacidad natural para cumplirlo. Pero ¿no habíamos partido de la idea de que el ser humano puede optar radicalmente por el bien?, ¿cómo entender ahora esa incapacidad natural?

Kant nos da la respuesta a esta pregunta: puesto que ese ideal tan exigente representa un genuino deber, cumplirlo ha de ser posible. Esto es lo que lleva a Kant, como única solución de este enigma, a postular lo que él llama una ayuda de lo alto para que auxilie al hombre en su aventura moral. Con esto, llegamos a la teoría de la gracia, que constituye un elemento muy importante en la religión natural kantiana, muchas veces ignorado. En mi libro, me he propuesto reconstruir detenidamente esa doctrina kantiana de la gracia. Me parece tan importante esta contribución kantiana que aludo a esta cuestión en el título mismo de mi obra, El mal y la gracia.

Por último, me gustaría volver sobre un último punto que puede resultar clarificador a la hora de abordar el concepto de sinceridad en Kant, al que anteriormente he aludido. Sinceridad, en el sentido coloquial del término, se refiere a la no ocultación de lo que uno piensa a los demás. Sincero es el que te dice lo que realmente piensa y señala principalmente nuestra relación con el otro. No es que a Kant se le oculte este sentido de la sinceridad en este punto, pero fundamentalmente donde quiere él insistir es en la sinceridad aplicada a la relación con uno mismo. Por eso, llega a señalar Kant que en nada se engaña tanto uno como en lo que se refiere a su propia estatura o valía moral. Esto constituye para Kant un impedimento tremendo del progreso moral de cada persona, a saber: esa tendencia a exculparse, autojustificarse y tener una imagen elevada de nosotros mismos a nivel moral. Ése es el peor peligro. Y es el peor peligro, no sólo porque conduce a múltiples incumplimientos de nuestros deberes para con nosotros y nuestros semejantes, sino que cierra el camino del progreso moral, por la sencilla razón de que quien se cree que ya está en la bondad, ya no lucha por alcanzarla.

A su vez, esta cuestión del autoengaño y de la sinceridad tiene una derivación muy conocida, que es la tesis kantiana tan fuerte de que en ningún caso, ni siquiera por filantropía, puede un hombre mentir justificadamente. No es casual que un hombre como Kant, que piensa así, componga ese famoso himno a la sinceridad al que nos referíamos en la pregunta anterior.

6. ¿Hasta qué punto la doctrina kantiana del mal radical oscurece o ilumina el fenómeno del sufrimiento, del mal sufrido?

Hay que reconocer que en el libro escrito por Kant acerca de la religión no hay, o no se encuentra, una suerte de fenomenología del sufrimiento. No la hay, pero tampoco lo exige la lógica del planteamiento adoptado por Kant. En este sentido, esto constituiría una limitación de la obra.

Pero, en cambio, se llega a explicar precisamente en virtud de la doctrina del mal radical la sobreabundancia del sufrimiento injustificado que unos hombres infligen a otros. Y es que, si es verdad que en el corazón del hombre y de todo hombre anida una inextirpable propensión al mal, entonces no es de extrañar que con tanta frecuencia antepongamos nuestros intereses egoístas a los derechos de nuestros semejantes y los hagamos con ello sufrir.

En este punto, Kant vislumbró muy agudamente esta cuestión. De hecho, él distingue en este contexto entre los vicios de la barbarie (la gula, la lujuria, la salvaje ausencia de ley en nuestras relaciones con nuestros semejantes, todos ellos con efectos perversos para la condición humana) y los vicios de la cultura. Con vicios de la cultura, Kant se refiere, por ejemplo, a la envidia o la ingratitud. Existe ahí un eco de las lecturas de Rousseau. A juicio de Kant, el peligro al que nos enfrentamos a causa de estos vicios de la cultura sólo puede limitarse, ponerle coto y reducir con ello el nivel de sufrimiento causado, si se atiende a una debida fundación y crecimiento de lo que él denomina una auténtica comunidad moral.

Ésta constituye una idea fascinante que se encuentra en el origen de su teoría eclesiológica. Se trata del ideal de una comunidad moral en la cual sus miembros no sólo sean buenos, sino que también lo parezcan. Esto es, que den suficientes motivos a sus semejantes para que éstos no recelen de sus verdaderas intenciones.

Por eso, quizás en Kant, y en concreto en La religión dentro de los límites de la mera razón, no haya una fenomenología del sufrimiento, pero sí hay un análisis de las causas del sufrimiento y de los remedios para limitar nuestra enorme capacidad para hacer sufrir a nuestros semejantes.

7. ¿Cuáles serían las posibles vías para incluir el fenómeno de la intersubjetividad en la doctrina del mal radical que Kant desarrolla, principalmente, en todo aquello que tiene que ver con la experiencia del dolor del otro?

La perspectiva que señala la pregunta, la de la intersubjetividad, muy pronto cobra protagonismo en la tercera parte del libro de La religión dentro de los límites de la mera razón. Resulta muy llamativo, porque hasta ese momento, en las dos primeras partes, la lucha entre el principio bueno y el malo se había abordado desde una perspectiva netamente individual, como si la aventura moral de cada hombre fuera una aventura esencialmente solitaria.

Pero he ahí que, al comienzo de la tercera parte, se pasa muy repentinamente del plano individual al plano colectivo. Se descubre que la lucha por el triunfo del bien ha de concebirse como un empeño colectivo en el que participa la humanidad en su conjunto y cuyo escenario es la historia universal. Y la tesis de Kant es que la victoria del bien pasa por la fundación de una comunidad moral que necesariamente habrá de adoptar la forma de una Iglesia.

A su vez, incluso fundada la Iglesia —acompañada por la mejor voluntad de sus integrantes—, el triunfo de ese proyecto no se conseguirá sin una ayuda de lo alto. De nuevo, vuelve a aparecer el tema de la gracia, debido precisamente a que los hombres por sí solos no son capaces de vencer el recelo que mutuamente se inspiran. En este sentido, a mí me parece que la eclesiología racional kantiana y la teoría de la gracia son decisivas para entender la posición final de Kant en el terreno de la filosofía de la historia.

En todo caso, insisto, la victoria del bien, para Kant, es el escenario de un empeño colectivo que abraza a toda la humanidad. De ahí la explicación de ese cambio tan drástico desde la perspectiva de una aventura moral solitaria a una aventura moral compartida que busca el triunfo del bien en la historia.

También cabría la posibilidad de una derrota radical del principio bueno tanto en el individuo como en el conjunto de la historia. Esto es muy importante, porque antes he aludido a la posición final de Kant en filosofía de la historia. Pero ¿cuál es esa posición final? Voy a intentar esbozar una respuesta a esta cuestión. En primer lugar, debe notarse que el siglo XVIII es el siglo de la razón, de la Ilustración y del progreso. Ahora bien, el progreso puede entenderse de varias maneras. Por lo menos, hay que distinguir tres formas o aspectos:

1) Progreso técnico: Es una evidencia que en la historia humana el hombre progresa técnicamente. Basta una mirada rápida a nuestro mundo actual: tenemos electricidad, anestesia, etcétera.

2) Progreso jurídico: Se avanza en el reconocimiento de los derechos individuales. A su vez, las relaciones de un Estado con otros Estados se someten a la razón mediante la creación de un orden jurídico internacional que garantice la paz perpetua.

3) Progreso moral: No me refiero con ello al conocimiento moral o al mero reconocimiento de los derechos de nuestros semejantes. Aludo con esto al hecho de que los hombres sean cada vez mejores.

Éste último aspecto es el sentido decisivo, porque si no mejora la voluntad de los hombres, entonces los dos primeros tipos de progreso pueden convertirse en una maldición. Se pueden emplear los progresos técnicos para destruir a los semejantes y los progresos jurídicos para construir el más espantoso Leviatán que quepa pensar.

A este respecto, Kant deja en suspenso el hecho de que exista un verdadero progreso moral de la humanidad. Eso hace que su visión acerca de la historia de la humanidad en su conjunto quede abierta. En este sentido, está claro que la historia humana puede fracasar. No obstante, el triunfo del bien es posible en virtud, por un lado, de ese germen del bien incorruptible que está ínsito en el ser humano (la conciencia del deber y la libertad) y, por otro lado, de esa ayuda de lo alto que promueve o suscita fuerzas renovadas para afrontar semejante y tamaña aventura moral.

Aclaro una cuestión. Este germen del bien en nosotros tiene que ver, para Kant, con la conciencia del deber. En primer lugar, el hombre no es capaz del mal diabólico. El hombre no persigue el mal por el mal. Lo persigue quizá por egoísmo, por anteponer sus intereses e inclinaciones. Pero Kant no cree que el hombre sea capaz del mal gratuito. Y, en segundo lugar, él mantiene la tesis de que hasta en el hombre más depravado se conserva ese germen del bien. Dicho hombre sigue oyendo en su interior resonar la exigencia de la ley moral que sin violencia, pero reclamando respeto, nos impone ciertos deberes. En suma, conservamos nuestra libertad siempre para secundar ese llamado de la ley moral. En esa medida siempre es posible conservar la esperanza.

Pero lo que no hay es un triunfo mecánico del principio del bien, ni tampoco podemos esperar que del progreso jurídico-político se deduzca un progreso moral. De hecho, es perfectamente posible ser un buen ciudadano y a la vez una mala persona. Éste es precisamente el problema, a saber: el hecho de que todas las formas de progreso dependen del progreso moral. Dicho progreso moral no está garantizado, pero tampoco se encuentra imposibilitado.

8. ¿Qué concepción antropológica de base subyace, en todo caso, a la doctrina del mal radical desarrollada por Kant?

En realidad, mi respuesta sólo va a prolongar aspectos que ya han aparecido en nuestra conversación. De entrada, uno hablaría en el caso de Kant de un marcado pesimismo antropológico, dado que, como hemos señalado, para él todos los hombres cuentan con una propensión inextirpable al mal. Pero no sólo eso, sino que cuando avanzamos por los planteamientos kantianos acerca de la subjetividad, la situación para el hombre no mejora, debido a que Kant llega a afirmar que el mayor peligro de corrupción moral para un hombre consiste en la presencia de otros hombres. Por el mero hecho de estar juntos, los hombres se corrompen. Es más, ni siquiera hace falta que esos otros hombres sean malos. Incluso los hombres buenos, por el hecho de estar juntos, se echan en cierto modo a perder. En este sentido, parece muy justificado hablar de pesimismo antropológico en el planteamiento kantiano.

Pero no puedo dejar de sentir esta primera valoración como insuficiente, pues observo también que Kant está persuadido de que además de esta propensión al mal, en el hombre está dada una disposición original al bien que favorece la observancia de la ley moral. Vuelvo a recordar la idea de que hasta en el hombre más depravado se conserva un germen del bien, la libertad de su albedrío que le permite optar entre el bien y el mal.

De hecho, al exponer Kant de una forma prolija las condiciones del principio bueno tanto en el plano individual como en el marco de la historia universal, Kant nos ha legado un mensaje de esperanza. A este respecto, hemos de atemperar mucho la tendencia a subrayar excesivamente el pesimismo antropológico kantiano. En opinión de Kant, estamos, pese a todo, hechos para el bien.

XIII

El significado antropológico de la enfermedad mental en la vida humana

Entrevista a Víctor Pereira Sánchez

La psiquiatría es una rama de la medicina que, en cierto modo, toca lo más humano: lo inmaterial. Incluso lo espiritual, diría yo.

Hablamos con el doctor Víctor Pereira Sánchez acerca del sentido antropológico de la enfermedad mental y su influencia y prevención en la vida humana. Víctor Pereira es médico psiquiatra en Nueva York, profesor asistente clínico en la New York University (*NYU*) Grossman School of Medicine e instructor en el New York University College of Arts & Sciences, así como profesor visitante en la School of Medicine y la School of Public Health de la Amoud University (Borama, Somaliland), además, es fundador de la World Network of Psychiatric Trainees y el Global Mental Health Think Tank, también fue becario de la Fundación Alicia Koplowitz.

1. ¿Qué debe entenderse por enfermedad psíquica?

De entrada, hay que señalar que en medicina el criterio para establecer la diferencia entre salud y enfermedad es muy similar cuando hablamos de enfermedades físicas y de enfermedades mentales. Ahora bien, sabemos que el establecimiento de ese criterio, ya a nivel meramente físico, no es sencillo.

Para dar cuenta de la fijación de este criterio, consignemos un caso de enfermedad física que hoy en día es común en mucha gente: la hipertensión arterial. ¿Cómo se mide la hipertensión arterial? Se puede medir objetivamente mediante una cuantificación numérica. Pero esa cuantificación numérica es un instrumento creado por personas que se fundamenta también en una teoría articulada y elaborada. En cierto sentido, su naturaleza es arbitraria, pues ha sido establecida y determinada en función de los consensos alcanzados por unas sociedades científicas, que además pueden revisarla o actualizarla tanto al alza como a la baja. Pero entonces, ¿a qué obedece o responde esa cuantificación numérica? A la constatación de la evidencia de que, a partir de su rebasamiento, las personas pueden llegar a tener problemas que dificulten el desarrollo normal de su vida.

Es así como en la determinación de una enfermedad física hay un criterio de consenso, de expertos. Hay también un criterio teórico, fundamentado en una explicación basada a su vez en evidencias y observaciones. Y, por último, es necesario reseñar un criterio estadístico. Este criterio se traduce en una curva —una suerte de campana de Gauss—, que nos va a permitir decir con base en un límite cuantitativo —una pauta que nosotros ponemos—, que la mayoría de las personas que sobrepasen esa frontera estadística van a estar enfermas, aunque no todas ellas exterioricen la problemática propia o asociada a su enfermedad.

Con la fijación de lo que entendemos por una enfermedad mental pasa algo bastante parecido. La diferencia con las enfermedades físicas es que no contamos con ninguna herramienta objetiva. Aunque en rigor no se pueda hablar en la ciencia médica de herramientas realmente objetivas. En última instancia, todas ellas acaban basándose en interpretación, en teorías y parámetros impuestos por seres humanos. En todo caso, la determinación de lo que es o no enfermedad mental se basa en la observación y se fundamenta también en lo que se consideran las tres dimensiones de la salud mental. Se trata de tres dimensiones inmateriales del ser humano. Éstas son los pensamientos, las emociones y la conducta.

La conducta es lo más fácil de constatar, lo que rápidamente llama la atención. Pero, a este respecto, se debe considerar que la enfermedad mental comparece cuando hay pensamientos, conductas o emociones, ya sea en cualquiera de las tres dimensiones o en combinación. Así, cuando estas tres dimensiones inmateriales salen de lo que podríamos llamar la normalidad social y cuando producen sufrimiento (malestar, estrés, etc.) en la persona, dando lugar a la disfunción en varios sentidos: disfunción familiar (la persona tiene dificultades con la familia), disfunción laboral (la persona no es capaz de trabajar o rendir), o disfunción social (esa persona tiene problemas con otras personas), entonces se pueden observar los parámetros en que se presenta la enfermedad mental.

Así pues, el consenso científico en psiquiatría para definir una enfermedad mental es el siguiente: un patrón de comportamientos, emociones o pensamientos que se salen del rango que se considera normal y están produciendo en la persona o bien disfunción —en los diversos sentidos antes reseñados—, o bien malestar o bien ambas. Eso es lo que los psiquiatras consideramos como enfermedad mental.

A esta definición se debe añadir el hecho de que hay fenómenos que se consideraban enfermedades mentales que han dejado de tratarse como tales, por ejemplo, la homosexualidad. A este respecto se debe decir que en la determinación de lo que es una enfermedad mental, influye mucho la instancia o criterio de autoridad que se adopta: si le preguntas a un estadounidense te dirá que la explicación de la enfermedad mental viene reseñada suficientemente bien en el Diagnostic and Statistic Manual (*DSM*), elaborado por la American Psychiatric Association. Para ellos, sería algo así como la Biblia de la psiquiatría, dicho en un tono un tanto jocoso. Pero también hay otros manuales de referencia como la CIE (Clasificación Internacional de Enfermedades) de la Organización Mundial de la Salud (OMS). No hay que olvidar que estos son consensos, uno de la American Psychiatric Association, otro de la OMS, que tienen estos criterios para discriminar, en general, la enfermedad mental de lo que no es y que acaban definiendo las enfermedades mentales por consenso.

Ahora bien, si le preguntas a otros psiquiatras, quizá más formados en fenomenología o en una manera de pensar más europea, alemana o francesa, te dirán —y yo con ellos— que la enfermedad mental va mucho más allá de eso. Los criterios del *DSM* o la CIE son maneras humanas de poner nombres y etiquetar que resultan útiles, pero la experiencia de la enfermedad mental las trasciende por mucho.

Todo ello nos hace caer en la cuenta de que los consensos adoptados para fijar lo que es o no es enfermedad mental han cambiado mucho. Y ello debido a que aparte de estar hechos por seres humanos, reflejan también los valores de su tiempo. De hecho, cuando hemos definido enfermedad mental, he señalado que ésta es un patrón de comportamientos, emociones y pensamientos. Aquí tendríamos que decir cómo definimos cada uno, lo cual genera mucho debate. Otro aspecto es fijar en qué sentido o cuándo se puede decir que esos pensamientos, emociones o conductas se salen de la normalidad. Éste es otro debate. Y, por último, nos encontramos con el tema de cuándo producen disfuncionalidad o malestar.

Pero si ya sólo nos centramos en la idea de normalidad, tendremos que preguntarnos a qué normalidad nos estamos refiriendo, ya sea esta estadística, moral o social. Aquí es donde precisamente han cambiado muchas perspectivas. Las primeras clasificaciones psiquiátricas del DSM en los años 50 y 60 estaban impregnadas del modelo psicoanalítico, que era predominante en la psiquiatría de EE. UU. de esa época. Dicho dominio se debió al exilio de muchos psiquiatras europeos durante la Segunda Guerra Mundial en EE. UU. En el enfoque psicoanalítico primaba mucho el tema de la sexualidad y, en concreto, el tema de la homosexualidad despertaba gran interés científico entre los psicoanalistas. En gran parte en ese contexto se clasificó como enfermedad mental. Ese diagnóstico fue eliminado post hoc en la segunda edición del DSM en 1973, y la homosexualidad como tal dejó de ser incluida como enfermedad mental a partir de la tercera edición. Ello fue fruto de mucho activismo por parte del colectivo homosexual e incluso de psiquiatras homosexuales, que también propiciaron una revisión de la literatura científica sobre el tema en cuestión. A partir de ese momento, el establishment de psiquiatría consideró que no había criterios científicos para considerar la homosexualidad una enfermedad, basándose fundamentalmente en el criterio de normalidad (considerado demasiado moralizado o moralista en épocas anteriores) y en la ausencia de evidencias científicas.

Lo mismo está ocurriendo ahora con lo que hoy en día se llama la disforia de género, que tiene que ver con la transexualidad. Todos estos cambios reflejan transformaciones tanto en la epistemología que guía la construcción de la ciencia psiquiátrica como en la axiología —los valores— de las personas que ejercen dominio sobre el conjunto de preconcepciones que imperan sobre el orden social.

Al fin y al cabo, todas estas clasificaciones internacionales, que antes referíamos, se establecen por consenso. En ellas, la corriente dominante es la que al final se acaba imponiendo.

2. ¿En qué sentido el estudio de las enfermedades mentales nos puede ayudar a comprender elementos importantes de la existencia humana?

Para responder a esta pregunta, me gustaría comenzar diciendo que a mí me atrajo mucho la psiquiatría por dos razones. En primer lugar, siempre me he sentido muy seducido por la ciencia, la neurociencia en concreto. En segundo lugar, siempre me han interesado mucho las ciencias sociales y las humanidades, en concreto, la antropología.

En este sentido, me cautivó la psiquiatría, porque es una rama de la medicina que combina ambos enfoques y que toca en cierto modo lo más humano: lo inmaterial. Incluso yo diría que lo espiritual. Así como, por ejemplo, un oftalmólogo se encarga sólo del ojo, el psiquiatra se encarga de lo más humano, lo que más concierne a la persona: el sufrimiento más profundo que toca la existencia.

De hecho, cuando hablo de la enfermedad mental, señalo que es un sufrimiento. Es una enfermedad que no se ve y que en muchos casos ni siquiera se manifiesta a través de conductas. Pero las personas que han experimentado una enfermedad mental, incluso si es transitoria (depresión, ansiedad, etc.) o que han visto a familiares cercanos padeciéndola, saben que el sufrimiento es más profundo. En este sentido, no es un dolor físico que viene o se va. El sufrimiento mental es a este respecto un dolor más humano, más existencial en el que uno no sólo siente un dolor físico, fruto de una causa contingente, sino que puede llegar a experimentar en él lo que es la soledad, el abandono y la desesperación.

Así pues, por una parte, a mí la enfermedad mental me muestra que el ser humano trasciende la materia, que hay algo dentro de él, ese sufrimiento, en el que se muestra que el núcleo íntimo de lo que soy va más allá de los condicionantes de la materia. Y, por otra parte, nos está manifestando aspectos relativos al ejercicio del libre albedrío. Es cierto que la enfermedad mental grave se llegó a calificar como enajenación, como esa pérdida de libertad, por la cual esa persona ya no es ella misma. Estaría fuera de sí, de su razón. Y de hecho, hay casos en que el desorden mental llega a dominar, a hacer que la persona no sea consciente. Pero también vemos que hay muchos casos, con todos los sufrimientos y limitaciones que ello conlleva, en los que la libertad sigue ahí. Y se va a poder constatar que muchas personas, por mucho que estén sufriendo, como si estuvieran en una prisión o campo de concentración —como estuvo el psiquiatra Viktor Frankl— siguen pudiendo tomar decisiones, esto es, siguen pudiendo decidir qué hacer y cómo comportarse. Es así como una persona deprimida o aquejada por cualquier clase de enfermedad mental puede llegar a mostrar lo mejor de sí mismo.

Otro aspecto que te enseña el estudio de la enfermedad mental es precisamente el significado, sentido o valor de su opuesto: la salud, el bienestar y la felicidad, sobre todo, cuando una persona se recupera de su convalecencia. Ello también te muestra cómo no sólo el sufrimiento sino también esa felicidad o gozo, fruto de la salud, tienen un carácter inmaterial.

Otra cuestión que nos enseña la enfermedad mental es que a los dualismos alma-cuerpo, mente-cerebro, en definitiva, no les funciona el dualismo cartesiano cuando se trata de entender al ser humano. Eso lo vemos, por ejemplo, en la existencia de enfermedades físicas que producen enfermedades mentales y al revés. Por ejemplo, en una persona con enfermedad mental, muy deprimida o ansiosa, su sistema inmune se puede ver alterado y ser más susceptible de malestar. Lo observamos también en las personas que no han aprendido a expresar sus emociones con palabras, o bien porque no han desarrollado bien el lenguaje, como les pasa a los niños, o bien porque su cultura estigmatiza las enfermedades mentales, constituyéndolas como tabúes.

A este respecto recuerdo el caso de una señora a la que traté en el pasado que llevaba décadas con una afección de garganta muy molesta. Le hicieron toda clase de operaciones. La vieron todo tipo de médicos. Pero nadie acertaba con la solución. Yo fui a hablar con ella y durante la sesión, ella evidenció que tenía muchos traumas que nunca había afrontado por no comentarlos. Y el sólo contarlos la liberó de la afección. No es que yo sea precisamente un curandero, sino que eso se ve. Yo mismo he contemplado a personas con parálisis física (y colegas también han visto a personas ciegas y mudas), causada por su mente, y he visto cómo esas mismas personas se recuperan con tratamiento psiquiátrico. Todas estas experiencias impiden, a mi juicio, una concepción dualista del ser humano.

Y lo último hacia lo que creo que apunta la enfermedad mental es que muestra que el ser humano no es un individuo aislado. Es un animal social y familiar, por así decirlo. Ya el hecho de diagnosticar la enfermedad mental implica un cierto juicio social. Significa que esa persona no es capaz de desarrollarse bien a un nivel social. Y a la vez, los influjos sociales tienen un efecto psicológico muy grande, por ejemplo, el trauma, la soledad, etc. Todos ellos ejercen un daño sobre la persona. En este sentido, para entender correctamente la psiquiatría, tienes que entender a la persona como un ser social. Sin dicha consideración, no se puede comprender ninguna enfermedad mental. Incluso la esquizofrenia sin un contexto social como tal no se entendería, pues una persona con este padecimiento, pero concebida sin una sociedad, y que se alimentara correctamente, sería una persona sana. Sin embargo, el problema de la persona con esquizofrenia es su comportamiento disfuncional. Y dicho comportamiento es disfuncional porque existe una sociedad. En este sentido, la psiquiatría se basa en considerar a la persona como un ser social.

3. ¿Cuándo podemos hablar de salud mental en una persona?

Oficialmente, siguiendo a la oms, te diría que la salud es un estado de completo bienestar físico, mental y espiritual y no sólo sería la ausencia de enfermedad. Dicha definición ha sido muy contestada, entre otras cuestiones, porque nadie cuenta con un estado de completo bienestar o al menos no todo el tiempo. Se podría matizar esta definición diciendo que una persona sana es aquélla que es capaz de funcionar con autonomía y alcanzar con ello su potencial, lo cual tiene cierta parte de verdad. Si vamos al dsm se puede decir que la salud mental consiste en el hecho de estar libre de un malestar significativo y de no ser disfuncional en las dimensiones antes descritas.

Este planteamiento asume que todas las personas vamos a tener aflicciones psicológicas. Todos las tenemos a diario. Nuestras emociones cambian. A veces podemos actuar de una manera irracional. A veces podemos tener o se nos pueden cruzar pensamientos bastante negativos o bien, de hacernos daño a nosotros mismos, o de hacerle daño a alguien. Pero digamos que, desde y con este planteamiento, hay salud mental cuando todo esto nos deja vivir y nos deja continuar con lo que queremos hacer, esto es, no nos mantiene esclavizados. Ahí se puede decir que hay buena salud mental.

Incluso si una persona diagnosticada con ansiedad —u otra aflicción— a niveles clínicos es capaz de controlar con tratamiento y recursos propios ese problema, manteniéndolo en segundo o tercer plano, se puede decir que está sano mentalmente.

4. ¿El bienestar psicológico es una perfección o una carencia?

Yo creo que el bienestar psicológico no es ni una perfección ni una carencia. Es, más bien, y en parte, un privilegio que se puede trabajar por él, pero que muchas veces se tiene por suerte o porque simplemente las cosas nos van bien. En todo caso, es algo que resulta bueno tenerlo, contar con ello, pero que no hay que absolutizar ni para bien ni para mal.

Y no se debe absolutizar en varios sentidos. En primer lugar, el tenerlo o no tenerlo no significa nada bueno ni malo en sí mismo. Por otra parte, no es un asunto dicotómico, que o tienes o no tienes. Es, más bien, dimensional. El bienestar es un espectro: uno puede estar bien en algunos aspectos y mal en otros por la presencia de incertidumbres muy grandes. Y esto les pasa a muchas personas. En este sentido, el bienestar no quiere decir que en todo me vaya bien, que no tenga ninguna incertidumbre, que esté todo claro, sino que las dificultades que tengo, las incertidumbres que me acompañan, no me esclavicen, de tal manera que pueda seguir haciendo mis actividades, aunque no necesariamente lo mismo de siempre, porque hay cosas que efectivamente no pueden hacerse. Es por ello que el bienestar no tiene tanto que ver con el hecho de que pueda hacer todo lo que quiera, sino con realizarme de acuerdo con mis valores y circunstancias, siendo capaz de adaptarme a éstas últimas o bien superándolas o bien recanalizándolas.

También existe una percepción errónea del bienestar que lo concibe bajo la modalidad del control, de tal modo que el malestar psicológico se entendería como una falta de control. Algunas personas pueden pensar que si no controlan algo no puede haber bienestar psicológico. Esto constituye un error, porque en esta vida no podemos controlar la mayor parte de las situaciones que nos pasan. De hecho, el bienestar mental consiste en tomar control gustosa y efectivamente de lo que uno puede y adaptarse y amoldarse a las circunstancias que uno no puede controlar.

En este sentido, el sufrimiento, proveniente del hecho de no poder controlar todo lo que acontece, ayuda en algo a la constitución de una personalidad sana y madura. Aun así, es cierto que los que ejercemos la práctica psiquiátrica no queremos, por un lado, que la gente sufra traumas y sabemos, por otro lado, que a ciertas personas, por la concurrencia de determinados factores (biológicos, psicológicos, etc.), ciertos de esos traumas las pueden destruir. Pero también es cierto que podemos advertir que hay ciertas personas que pueden salir fortalecidas de semejantes situaciones y en cierto modo, se las puede ayudar a desarrollar resiliencia de modo que se conviertan en una ayuda para sí mismas, pero, sobre todo, para los otros.

Por su parte, hay individuos que van a ser muy afortunados y que no van a tener grandes problemas en su vida. No obstante, esas personas también pueden aprender con el sufrimiento ajeno, desarrollando empatía. Y creo que esa empatía les puede ayudar a madurar. Pero también les puede ayudar asimilar las propias dificultades que se les presentan, aunque sean pequeñas. Todo ello les va a ayudar a crecer como personas.

En todo caso, no hace falta haber sufrido un trauma para poder madurar más. Lo que hace falta es que la persona aprenda a afrontar cualquier clase de sufrimiento, sea pequeño o grande.

5. ¿Habría modalidades de desarrollo psicológico en el ser humano no estrictamente conmensurables con un concepto de salud entendido en términos de autorreferencialidad? Esto es, ¿se puede hablar en la psicología humana de formas de crecimiento que no tiendan necesariamente al conatus essendi, es decir, a la perseverancia en el propio ser?

El ámbito del bienestar, del wellness, en la actualidad es muy amplio. Es más, constituye toda una industria. Una industria en la que hay mucho interés comercial, porque se está haciendo mucho dinero con ella (gimnasios, productos nutricionales, libros de autoayuda, etc.) En este sentido, se está creando hoy toda una cultura en la que uno tiene que estar bien y sentirse bien. De hecho, para uno sentirse a sí mismo hoy, no tiene que llegar a experimentar o evidenciar ninguna clase de molestia.

A este respecto me parece que este concepto de wellness está volviendo a las personas más individualistas. Dicha tendencia se puede constatar en muchas corrientes psicológicas que no sin buena intención postulan la idea de que tienes que ser muy independiente, que no te afecte lo que digan los demás. Dichas orientaciones pueden ser adecuadas para personas que tienden a dejarse arrastrar por dependencias emocionales dañinas, pero si se vuelven unilaterales, pueden llegar a ser muy negativas, como sucede con la moda de bloquear indiscriminadamente a las personas llamadas tóxicas —por no servir éstas a los fines de mi autorreferencialidad— o de no afrontar situaciones que supongan un reto para uno mismo.

Dicha tendencia, propiciada y alentada por estas corrientes psicológicas de corte más individualista, nos lleva a pensar que, para estar bien, para tener este wellness, en todo nos tiene que ir bien, todo nos tiene que apetecer, en suma, todo nos tiene que gustar siempre. Este planteamiento nos vuelve más individualistas y no nos enseña que hay muchas circunstancias en la vida que, o no se pueden cambiar, o no vale la pena cambiarlas todo el tiempo.

En todo caso, lo que tenemos que hacer es crecer. De hecho, hay muchas oportunidades y circunstancias para crecer y mirar a los demás. Y así como en muchos casos constatamos que lo que constituye la enfermedad mental en cuanto tal es su carácter aislante, también podemos ver que en la recuperación de la persona de dicha enfermedad influye de una manera decisiva tanto su apertura a los demás como la capacidad de los demás, de su entorno, para abrirse a ella.

Es por esto que la salida de la enfermedad mental en muchos casos tiene que ver con la integración de la persona en su familia, en la sociedad. Tenemos que ver, en este sentido, que el bienestar y nuestro bienestar mental está ligado con esa integración al entorno, a las circunstancias y a las personas que nos rodean.

En estas consideraciones, hay que evitar los extremos: tanto el extremo de las personas que sólo piensan en los demás y no en sí mismas, como el extremo de pensar sólo y exclusivamente en uno mismo. Ambas tendencias, en su expresión radical, aíslan. Son formas de expresión de un individualismo proyectado en dos modalidades distintas.

En este sentido, el equilibrio es siempre importante. A este respecto creo que ayuda a la salud mental el hecho de cuidarse uno básicamente, pero sin desarrollar una preocupación exagerada acerca del propio cuidado, porque en el fondo puedo descansar en el cuidado que otros ejercen o pueden ejercer sobre mí. Por eso, en la armonía social, pero sobre todo familiar, es donde uno puede alcanzar más bienestar. En familia llegas a hacer la experiencia de que tienes la espalda cubierta. La expresión inglesa I got your back recoge bien el sentido de lo que estoy apuntando.

6. En la práctica clínica, ¿cuál ha de ser la disposición o actitud que el médico debe adquirir para afrontar la realidad tanto de la enfermedad como del enfermo en sí?

El método de la psiquiatría para abordar tanto la realidad de la enfermedad como del enfermo es un método analítico-deductivo. Todo psiquiatra se basa en una teoría, en una suerte de marco teórico con el cual poder dar cuenta de la enfermedad del modo más efectivo posible. En algunos casos, hay algunos psiquiatras que se basan más en un marco psicoanalítico, esto es, entender a la persona desde el subconsciente, la sexualidad, etc. Hay otros psiquiatras que se encuadran más en el modelo cognitivo-conductual, esto es, están atentos a cuáles son las emociones, los pensamientos y las conductas y los mecanismos que las unen con una metodología más ecléctica. Hay otros que adoptan un marco más sistemático destinado a establecer diagnósticos destinados a determinar los síntomas, su normalidad, etcétera.

En cualquier caso, todo psiquiatra parte de un cierto marco teórico (o de la mezcla de varios) y de ahí con una metodología inductiva busca evidencias, recolectando síntomas, tanto los que evidencia el propio paciente como su entorno familiar, así como la intensidad, frecuencia y circunstancias en las que se manifiestan dichos síntomas. Labor del psiquiatra es entonces encajar esas evidencias inductivas con el marco teórico deductivo del que parte. Eso es lo que hacemos en mayor o menor medida los psiquiatras.

Ciertamente existen modelos más integrativos o integrales, pero finalmente lo que hacemos es la tarea descrita anteriormente. También intentamos ver a la persona en un conjunto, en sus manifestaciones sociales, psicológicas, etc. Pero realmente la decisión que el psiquiatra ha de tomar al final de la consulta —y nótese que son consultas muy limitadas en el tiempo— no es una formulación filosófica acerca de su condición personal, sino el curso de tratamiento que se ha de emprender para curar a la persona que tiene delante. Y para eso, aunque tenga una comprensión más global de la persona, necesita meterla en una suerte de cajón, en el que, por otra parte, se contiene un listado de soluciones muy limitado. Y aunque haya muchas combinaciones de soluciones, al final el psiquiatra requiere que haya o tenga lugar una acción concentrada o quirúrgica que dé respuesta al problema determinado que aqueja al paciente.

En este sentido, el médico es en parte un artista y en parte un técnico, porque a la vez de ser científico, tiene que aportar al final una solución que sea más adecuada para ayudar a la persona en sus circunstancias concretas. Esto podría verse como una limitación de la acción médica del psiquiatra, sobre todo, si el médico detiene ahí su consideración. Pero, en cierto modo resulta una necesidad. Porque, aunque el médico atienda algo tan complejo y delicado como es el ser humano, se trata de un especialista que tiene que poner una solución con recursos limitados, además de que la persona espera resultados.

A este respecto y para favorecer una mejor comprensión de la labor del médico psiquiatra, aunque un zapatero puede tener su idea de cómo un pie debería ser calzado y los tipos de zapatos que hay, al final tiene que poner un zapato. Lo mismo pasa con el médico: tiene que poner soluciones. A la vez, debe tener una idea muy integrativa de la persona tanto para afinar bien con las soluciones como para seguir el caso. Muchas veces, hay ocasiones en las que uno pone un tratamiento y éste resulta efectivo. Pero en otras, y sobre todo con enfermedades mentales que son crónicas, hay que dar un seguimiento durante años que consistirá en dar una pequeña solución al principio para después atender otros factores con el fin de favorecer una mejor atención al caso en cuestión. A lo mejor, en un primer momento, con un paciente, compensa atender debidamente al estado de ánimo, de desesperación o ansiedad tan grandes, mediante el uso de medicación, pero en las siguientes consultas quizás habrá que mirar otras cuestiones: el modo en que la persona afronta sus frustraciones, o los eventos que tienen que ver con tu familia, trabajo, etcétera.

También el médico psiquiatra ha de mantener una perspectiva muy longitudinal. No se trata de afrontar todo desde el principio, sino que poco a poco se van resolviendo los problemas y se va conociendo mejor a la persona. Al final, en una consulta —de media o una hora— el médico puede hacerse una idea muy limitada de la persona. De hecho, aunque un psiquiatra pueda llegar a conocer mucho de un paciente y dicho paciente le cuente toda su vida en esa sesión, al final no llega a conocer realmente a la persona. Y ello debido a que falta un componente experiencial y relacional en el sentido de que hace falta más tiempo. Hace falta ver a la persona que se trata en otras circunstancias, irla conociendo en el tiempo.

7. ¿Debe ser el fin de la psiquiatría la erradicación de toda clase de enfermedad mental?

En medicina hablamos de erradicación de las enfermedades. Esta proposición no resulta una quimera. De hecho, hay enfermedades infecciosas que hemos logrado erradicar, como la viruela en los años 70 o la polio que está muy cerca de ser erradicada. Esto es, existen enfermedades que se pueden erradicar. Pero también sabemos de otras que no. De hecho, se pueden prevenir hasta cierto punto, pero todo el mundo que se vea aquejado por ellas acabará tarde o temprano muriendo.

En cuanto a la enfermedad mental, nos gustaría a los psiquiatras prevenirlas. El problema es que no sabemos muy bien cómo hacerlo. Por eso, hasta ahora no se ha hecho mucha labor de prevención de enfermedades mentales. Es más, sabemos prevenir con más o menos eficacia el coronavirus u otras enfermedades infecciosas, incluso el cáncer, pero en cuanto a la enfermedad mental, sabemos muy poco de prevención.

No obstante, en las enfermedades mentales, lo que queremos prevenir o tratar, por así decirlo, es el afrontamiento de aquellos síntomas de éstas (la tristeza, el nerviosismo, la ansiedad, el miedo, el estado de excitación, etc.) que todo el mundo de una u otra manera ha experimentado en su vida. Los psiquiatras no podemos ni queremos evitar que la gente experimente esas emociones. No queremos evitar que la gente haga experiencia de la tristeza, que la gente no viva con miedo, porque hay muchas veces en que las personas tienen que experimentar eso. Si no las vivenciaran, no se podría calificar su actitud como normal.

Lo que nos gustaría a los psiquiatras es que la gente sea capaz de experimentar esas emociones, pensamientos o actitudes sin producir un sufrimiento que acabe desarticulando a la persona en cuanto tal. Esto no quiere decir que no queramos que nadie sufra emocionalmente cuando a una persona le toca sufrir, pues en cierto modo el sufrimiento forma parte de la experiencia vital. Sobre todo, si consideramos que se trata de un sufrimiento que puede propiciar una oportunidad de crecimiento.

En este sentido, por ejemplo, no queremos evitar que una persona tenga un duelo y se ponga muy triste cuando su esposa o esposo fallecen. Lo que nos gustaría es que esa persona no quede deshabilitada durante años por culpa de ese duelo. En suma, no queremos destrozar las emociones ni el sufrimiento que forman parte de la vida, sino que queremos que las personas puedan seguir adelante o darles un sentido y crecer en medio de ese sufrimiento.

XIV

La antropología subyacente al Adán coránico

Entrevista a Pilar González Casado

*La concepción del hombre como **Imago Dei** no está presente en la reflexión coránica. El hombre sería siervo, vicario de Dios en la tierra.*

Hablamos con la doctora Pilar González Casado acerca de la antropología presente en el Adán coránico, tanto prelapsario como postlapsario. Pilar González es decana de la Facultad de Literatura Cristiana y Clásica San Justino, directora del Departamento interfacultativo de Lenguas, y catedrática de Literatura árabe cristiana en la Universidad Eclesiástica San Dámaso (Madrid).

1. ¿Cómo se concibe la creación de la humanidad en el Corán?, ¿cuál sería la finalidad de dicha creación?

En primer lugar, me gustaría señalar que el Corán habla sobre la creación del hombre, no propiamente sobre la creación de Adán con una narrativa descriptiva como la del Génesis. Es cierto que sí aparece en él consignada la figura de Adán en el paraíso en relación con un relato que tiene ciertas semejanzas con el relato del

Génesis a raíz de la tentación dirigida a Adán y Eva, pero antes no se narra la creación de Adán, sino que el sujeto hablante del texto dice: "Y os creamos. Luego, os formamos", como sucede, por ejemplo, en Corán 7:11.

Para entender la importancia de esta consideración inicial, me parece necesario realizar el siguiente excursus con el fin de favorecer la comprensión de lo que pretendo decir a continuación. El Corán constituye el libro revelado para los musulmanes. Es considerada por ellos una escritura propiamente divina, más que inspirada o revelada. De hecho, no sería una escritura inspirada, aunque sí revelada ¿Qué quiere decir que es una escritura divina? Que se trata de la propia palabra de Dios, del propio mensaje de Dios, hecho libro y descendido directamente desde el trono de Dios a los hombres a través del profeta Mahoma. Esta realidad viene expresada por el término árabe tanzîl (تنزيل) que quiere decir descenso. Con esta palabra, se expresa el modo práctico de trasladarse o de manifestarse la revelación.

La crítica literaria —el Corán estudiado desde el punto de vista de la filología— ha puesto de manifiesto que se trata de un libro que con toda probabilidad recoge la transmisión de la predicación de Mahoma. En este sentido, consigna una transmisión oral. Y, por ello, resulta bastante fragmentario en el sentido de que no se puede encontrar en él un único hilo narrativo desde el principio y hasta el final. Esto último nos sirve para entender que, si se intenta rastrear al Adán coránico, lo tenemos que buscar por diferentes capítulos o suras. De hecho, vamos a encontrar su rastro disperso por todo el Corán.

Esta reflexión inicial me parece relevante por el siguiente motivo: no vamos a encontrar en el Corán un relato de Adán semejante al del Génesis que empiece por la creación del universo y del mundo natural hasta la creación del hombre. En ningún caso hallaremos un relato con esta secuenciación. Es más, en el Corán, aunque se habla de que Dios crea el mundo y el universo, dicha creación viene seguida por una serie de textos de carácter o tono sapiencial y exhortativo tras los cuales aparece Adán in media res. Ello nos hace caer en la cuenta de la necesidad de una recopilación a través de todo el Corán para buscar esos rasgos de lo que podría ser Adán y de lo que podría ser el hombre.

Ahora bien, ¿cómo se concibe esa creación? Hay suras (capítulos del Corán) que mencionan cómo Dios creó al hombre de barro maleable. Concretamente, aparecen tres tipos de barro: uno más seco (Corán 7:12), otro pegajoso (Corán 37:11), y otro húmedo y, por tanto, maleable (Corán 15:26-29). Por su parte, Dios creó al hombre con sus manos (Corán 38:75) aspecto que en la Biblia no aparece como tal, aunque sí es cierto que en el Génesis se señala que Dios tomó barro de la tierra. No obstante, no se reseña el dato específico de que Dios realmente hizo al ser humano con sus manos.

En todo caso, en el Corán Dios crea al hombre con sus manos y después de crearlo, infunde en él su espíritu. Otra coincidencia más con el relato del Génesis. En otras suras, se vuelve a hablar de que Dios crea al hombre de la tierra o incluso también de una gota. No se especifica de qué tipo de gota se trataría. En otras, se relata que Dios crea al hombre a partir de un coágulo de sangre, haciendo alusión al embrión, al feto. Y también, en otras secciones, se recoge la idea de que Dios crea al hombre a partir de un líquido fluyente en una probable alusión al semen del varón. Todo esto constituiría lo que propiamente dice el Corán sobre la creación del hombre.

A partir de ahí, resulta necesario reflexionar acerca del significado que puede tener el hecho de que el ser humano fuera creado de barro, de que fuera creado por las manos de Dios. A este respecto, debe notarse que el texto coránico resulta muy escueto. Dice muy poco. Y al mismo tiempo, a lo que nosotros podríamos denominar teología musulmana, aunque sea más correcto referirse a los conocimientos de los sabios musulmanes (dada la ausencia de teología en el islam), ya desde su surgimiento, con la ciencia del *tafsîr* (تفسير), es decir, de la interpretación del Corán, le ha preocupado más el significado filológico y gramatical del texto que su sentido teológico. En este sentido, encontramos muy poca reflexión acerca del significado o la alusión concreta de cada palabra.

Por su parte, hay otro capítulo del Corán, el séptimo, en donde aparecen Adán y su mujer, que no es nombrada como Eva en este caso. La esposa anónima de Adán aparece, entre otras suras, en la 4:1 y la 39:6. Dicha aparición se produce en el contexto de un relato que nosotros podemos relacionar con la historia del pecado original en la Biblia. En él, también hay una prueba y una caída de Adán y de su mujer.

Esto es todo lo que podría decirse acerca de la creación del hombre en el Corán. Sí que es verdad que el Corán entiende a Adán como el hombre universal. En ese sentido, es legítimo deducir eso último de los textos coránicos.

Pero ¿cuál sería la finalidad de la creación de la humanidad? Pues se trataría de una finalidad muy diferente a la que le otorga la Biblia, y sobre todo el pensamiento cristiano. En el Corán, la finalidad del hombre es servir a Dios. Es cierto que también en el cristianismo el hombre es creado para servir a Dios, pero también para algo más, a saber: para llegar a la plenitud de la identificación con Dios, esto es, alcanzar la semejanza plena con su Creador. Esta última consideración no existe propiamente en el islam ni en el Corán.

La condición propia del hombre en el islam es ser un *abd* (عبد), lo cual quiere decir en castellano "siervo". En este sentido, la relación entre Dios y el hombre en el islam entiende a este último —el hombre— como el vicario de Dios en la tierra.

Esto es, los hombres están en este mundo para servir a Dios, como ya hemos señalado. A ello hay que añadir otra finalidad: volver al paraíso, pero al paraíso inicial, no al cielo. Aquel paraíso que se ha perdido. Ese paraíso no se corresponde en ningún caso con un estado escatológico, en el que el ser humano llegue a alcanzar su divinización.

Por otra parte, no se puede dejar de señalar que la concepción del hombre como *Imago Dei* no está presente en la reflexión coránica. Para el Corán, el hombre no es creado a imagen y semejanza de Dios. Esto no aparece en el relato de la creación de Adán en el Corán. Solamente se atribuye al profeta Mahoma un *hadiz* (حديث), otra de las fuentes de la revelación del islam, en el que se dice que Adán fue creado a su imagen. A este respecto, el pronombre personal sufijo "su" (ه) —es decir, el posesivo— los comentaristas árabes no lo refieren a Dios, sino que lo hacen reflexivo, señalando con ello que Adán fue creado según su propia imagen, su propia forma: la forma propia del hombre.

No obstante, considero que los sufíes sí consideran en ciertos aspectos al hombre como imagen de Dios, dado que en los santos se refleja la gloria de Dios. Aunque esto no quiere decir que el ser humano haya sido creado a imagen de Dios.

2. ¿Con qué rasgos describe el Corán al Adán y a la Eva prelapsarios?, ¿cuáles serían las semejanzas y las diferencias con la Biblia cristiana?

Es difícil señalar con qué rasgos fue creado el Adán prelapsario, porque hay muy pocas referencias de Adán en el paraíso. Aun así, una lectura atenta de la sura 7, de las aleyas 19 a la 27, nos ofrece algunas pistas acerca de la situación de Adán en el paraíso antes de ser expulsado, por desobedecer y ofender a Dios.

El texto reza así:

"Adán habita con tu esposa en el jardín y comed de lo que queráis, pero no os acerquéis a este árbol. Si no, seréis de los impíos". Pero el demonio les insinuó el mal mostrándoles su escondida desnudez. Y dijo: "Vuestro Señor nos ha prohibido este árbol, sino por temor de que os convirtierais en ángeles u os hicierais inmortales". Y les juró: "de veras, os aconsejo bien". Les hizo pues caer dolosamente y cuando hubieron gustado ambos del árbol, se les reveló su desnudez y comenzaron a cubrirse con hojas del jardín. Su Señor los llamó: "¿No os había prohibido ese árbol y dicho que el demonio era para vosotros un enemigo declarado?" Dijeron: "Señor, hemos sido injustos con nosotros mismos. Si no nos perdonas y te apiadas de nosotros, seremos ciertamente de los que pierden". Dijo: "Descended, seréis enemigos unos de otros, la tierra será por algún tiempo vuestra morada y lugar de disfrute". Dijo: "en ella viviréis, en ella moriréis y de ella se os sacará.

Hijos de Adán, hemos hecho bajar para vosotros una vestidura para cubrir vuestra desnudez y para ornato, pero la vestidura del temor de Dios, ésa es mejor. Éste es uno de los signos de Dios. Quizás así se dejen amonestar. Hijos de Adán, que el demonio no os tiente, como cuando sacó a vuestros padres del jardín, despojándolos de sus vestiduras para mostrarles su desnudez. Él y su hueste os ven desde donde vosotros no los veis. A los que no creen les hemos dado los demonios como amigos".

Éste es el capítulo más extenso del Corán que trataría la cuestión del Adán pre-lapsario. Aquí no se dice nada acerca de la condición ontológica de Adán. En todo caso, sí que se muestra —si uno se apoya en otras suras del Corán— que Dios crea al hombre débil, porque lo dice Dios mismo en el relato: "Hemos creado al hombre débil". Esta debilidad de Adán es la que se va a poner aún más de manifiesto cuando descienda del paraíso.

De hecho, si uno se fija en el relato de la caída que acabamos de reseñar más arriba, que acontece en y con la tentación, la conclusión a la que podemos llegar es que dicha caída, la falta de Adán, no es consecuencia de su libertad, sino que es el demonio el responsable de la expulsión del jardín. De hecho, siguiendo la narración del relato, lo que le muestra el demonio a Adán y su esposa es su propia desnudez. Con eso, les hace caer y comen del árbol. Y al comer del árbol, ellos mismos dicen a Dios que han sido injustos y que han pecado. Le solicitan el perdón y, de hecho, Dios, aunque ordena su descenso sobre la tierra, los perdona. A ello añade la advertencia de que el demonio no los vuelva a tentar. Todo ello apunta que de la caída de Adán no es responsable él mismo, sino el demonio, que fue el que realmente los expulsó y los sacó del jardín, despojándolos de sus vestiduras a Adán y a su esposa para mostrarles su desnudez.

Esta concepción de la caída resulta muy importante y constituye un punto divergente o discordante con la del cristianismo, puesto que ésta última se plantea constantemente la dramática de una elección, la cual tiene su despliegue en toda la historia de la humanidad y que tiene que ver con el hecho de si quiere seguir a Dios o no. No ocurre esto en el islam. En éste el hombre no tiene esa opción. El demonio lo expulsa del jardín y en ese sentido queda apartado del paraíso.

Esta es la información —breve, por otra parte— de la que disponemos del Adán prelapsario, que estaba cubierto por la vestidura paradisíaca, una vestidura que le cubría su desnudez, sobre todo, sus partes íntimas. Esa túnica, como después señalan los comentaristas medievales, pudo ser de luz, del temor de Dios, o incluso del material físico de la uñas. Este último detalle corresponde a una tradición muy curiosa que señala que Adán estaba cubierto con una capa del material de las uñas. Cuando Adán comió del árbol, empieza a perder esa túnica, pero como le pide perdón a Dios, justo cuando la túnica le llegaba a la punta de los dedos, se detuvo esa pérdida, al Dios concederle el perdón. Por eso, conservaríamos las uñas.

En resumen, el Corán concibe al Adán y a la "Eva" prelapsarios como sin capacidad de elección (sin libertad) y cubiertos por una túnica, una vestidura para cubrir su desnudez. A ello se debe añadir el hecho de que Dios los había colocado en un jardín y les había prohibido comer del árbol para que no fueran de los impíos.

Por último, debemos tener en cuenta que la caída del hombre, tal y como se narra en el Corán, no tiene consecuencias ontológicas. La naturaleza humana no queda herida. Dios ya lo había creado débil antes de caer (Corán 4:28) y le ordena ir a vivir a un entorno hostil, la tierra, donde se dice que los hombres son los enemigos de los otros, y donde va a sufrir las penurias que no existían en el paraíso. Por ejemplo: el hambre, la sed, la desnudez, etc. Nótese a este respecto cómo en algunas suras, en las que se promete el paraíso, se dice que el hombre no tendrá necesidad de comer ni de beber ni de vestido. Es decir, que tendrá cubiertas todas las necesidades que no tienen satisfechas en la tierra.

Así pues, cuando Dios envía al hombre a ese lugar hostil tras la caída, lo que va a necesitar es un consuelo o, más bien, una guía o criterio para volver a Dios, que le proporcione ese consuelo y le explique cómo obrar en cada momento. Eso es a lo que en el Corán los musulmanes se refieren como luz (رون) y guía (هدى) (el camino recto, la salvación). Por su parte, si el hombre ha cumplido con los preceptos coránicos —que son luz y guía— en el momento de la muerte volverá a Dios, pero teniendo en cuenta con ello que volverá al mismo lugar de donde partió: el paraíso prelapsario.

3. ¿Qué importancia y significado tiene el tema de la vestidura original en la literatura coránica?

Este es un tema muy amplio y bello, con un recorrido ya muy largo, considerando el momento en el que el islam nace y en el que el Corán se pone por escrito (a finales del siglo VII). La justificación del tratamiento tan antiguo y extenso de esta cuestión, la vestidura original, anterior al islam mismo, es la siguiente: la gloria primigenia que Dios había otorgado a Adán, es decir, el inicio de su semejanza con Dios, que tendría que ir completándose a lo largo de toda su vida hasta la resurrección, se expresa literaria y tradicionalmente en una vestidura. Vestidura a la que también se refiere, por ejemplo, la literatura legendaria judía, aunque no la trata propiamente como vestidura, sino como nube de gloria.

No obstante, este tema se desarrolla especialmente en la literatura siríaca, sobre todo, con san Efrén en el siglo IV y en autores posteriores a él, como Jacobo de

Sarug o anteriores como Afraates. Según esta tradición antigua, como ya podemos constatar, el Adán prelapsario estaba cubierto con esta túnica de gloria. En el comentario al Génesis de san Efrén se hace mención de ella. Y en el momento en que peca, la pierde. Esa pérdida se traduce como una pérdida de la semejanza que Dios le había dado. Y el motivo de esa pérdida estriba en el hecho de que esa semejanza con Dios todavía no era imperdible. Esto es, la podía perder o no, dependiendo de cómo ejerciera su libertad. En todo caso, el hombre pierde esa vestidura original y con ello queda al descubierto su propia desnudez.

¿Cómo la va a volver a recuperar? La comienza a recuperar con la Encarnación, a saber: cuando Dios se desviste de su divinidad para vestirse con la humanidad. A este respecto debe notarse cómo la literatura semítica, en concreto, la siríaca muestra un cuidado especial por el juego de palabras, el simbolismo y la metáfora. Así, el Verbo se desviste de su divinidad y se reviste con el cuerpo de Adán. Hay muchos textos que manifiestan esta comprensión de la Encarnación como revestimiento del cuerpo de Adán, de la humanidad.

Otro lugar en el que el hombre vuelve a encontrar la vestidura original es con el bautismo. Precisamente porque, así como Cristo se sumerge en el Jordán, se despoja de su túnica, la deja en las aguas y a continuación la retoma, el hombre, cuando se sumerge en las aguas del bautismo, vuelve a encontrarse con la túnica primordial, la túnica del paraíso. Y finalmente la alcanzará en la Resurrección, cuando el ser humano se revestirá por completo del Espíritu y llegará a ser semejante o igual a Dios en su deificación.

Así pues, la túnica primordial constituye una figura literaria —incluso una metáfora— que está muy desarrollada en la literatura siríaca. Ahora bien, ¿qué sucede en el Corán? Según el pasaje que hemos citado en la respuesta a la pregunta anterior, sabemos que Adán y su esposa estaban vestidos, esto es, no estaban desnudos antes ni después de la caída. Después de caer comenzaron a cubrirse con hojas del jardín. De hecho, en la literatura oriental y siríaca también comparecen como vestidos frente a nuestra forma habitual de concebirlos, a saber, como desnudos. Esta realidad de la vestidura se ve refrendada sobre todo en el versículo 27 del Corán, Dice así: "Hijos de Adán, que el demonio no os tiente, como cuando sacó a vuestros padres del jardín, despojándolos de sus vestiduras para mostrarles su desnudez". A este respecto, el comentario al Génesis de san Efrén habla precisamente de cómo Adán y Eva estaban cubiertos con esa túnica y cómo también, en cierto modo, el demonio quería tentarlos con lo que había debajo de la túnica (Comentario al Génesis de san Efrén 2:25).

Lo que acontece en el Adán de la literatura siríaca cuando pierde la túnica es, no obstante, un cambio ontológico. Su naturaleza queda herida y con necesidad de salvación. Frente a este Adán, el coránico no necesita ser salvado, porque ya se ha arrepentido y lo único que necesita es una guía para volver a Dios. En este sentido, fue creado débil y sigue siendo débil. En cambio, el Adán cristiano sí que precisa ser salvado, porque se ha dado ese cambio en su propio ser, a causa del pecado. A este respecto, san Efrén en uno de sus himnos (XIII, 13) describe el movimiento propio de esa salvación (la recuperación de la vestidura): "El Misericordioso hizo todos estos cambios cuando se despojó y se vistió, pues trazó un modo para vestir a Adán con la gloria de la que había sido despojado. Se fajó con pañales, semejantes a las hojas de Adán y se puso ropajes en lugar de las pieles. Fue bautizado por su causa y fue embalsamado por la muerte de Adán. Resucitó y con su gloria elevó a Adán. Bendito aquel que descendió, se vistió con Adán y ascendió".

Por su parte, lo que más llama la atención, desde el punto de vista filológico, es el hecho de plantearse el motivo por el cual Adán y su esposa aparecen vestidos en el Corán con esa vestidura original, la cual fue arrancada por el demonio del ser humano. Más aún, cuando en el relato bíblico del Génesis sólo aparecen las vestiduras de pieles, las que se tienen que poner Adán y Eva después de pecar, y no aparece en ningún caso tal túnica primigenia. Ahora bien, sí se puede constatar cómo el motivo de la túnica primigenia comparece en la literatura siríaca que explica o comenta la Biblia. Esta literatura es la que probablemente conoció Mahoma o el Corán. Aparte del relato bíblico en sí, lo que más debió haber conocido Mahoma son las predicaciones de los monjes de la península arábiga. Ellos manejaban estos textos. Aunque esto último se trata de una hipótesis incontrastable o, en último término, de demostrarse con documentación textual, sería una conjetura muy plausible.

4. ¿Cuál es la responsabilidad del hombre en la caída según el Corán?

En el Corán, el hombre no tiene responsabilidad en la caída, debido a que es el demonio el que lo expulsa y lo echa del jardín. A ello se añade el hecho de que, por otras suras del Corán, sabemos que Dios interviene antes de que el hombre caiga. Siempre está ahí para sacarlo de su situación. Eso hace que el hombre al final no cuente con esa libertad de elección o que no tenga plena responsabilidad de sus actos.

Por eso, pienso que el hombre en el Corán no tiene una responsabilidad clara en la caída. Y ello queda claro porque en él no acontece ningún cambio ontológico. El ser humano no tiene que redimirse. Lo que tiene que hacer es cumplir con los preceptos coránicos para evitar su desconsuelo y poder llegar a Dios. El Corán ya señala que Dios ha creado al hombre débil. El hombre vive en un estado de contradicción (Corán 94:5), Dios le había dado la mejor complexión, pero también ha hecho de él un ser abyecto (Corán 95:4-6), muestra cierta inclinación hacia el mal (Corán 17:11) y es desagradecido con Dios (Corán 14:34). A veces, incluso recalca que es ingenuo o que es inocente. De ahí que el hombre precise de la ayuda de Dios, porque no tiene una capacidad para vivir él solo o para moverse él solo. Pero esto no tiene nada que ver con su caída.

Esa condición débil o ingenua del ser humano no indica o apunta a una creación defectuosa por parte de Dios, sino a que Dios lo ha querido crear así. Es lo que dice la sura 95:4-6. Eso sí. Lo que no queda muy claro en la mentalidad coránica es el motivo por el cual Dios crea al hombre. Lo crea sin que haya un modo de saber por qué lo ha creado. A ello se añade el hecho de que tampoco los hombres son hijos de Dios. Ello constituiría una pura blasfemia en el islam. Y ello debido a que una de las últimas suras del Corán niega que Dios pueda engendrar o tener un hijo. A este respecto, Dios no puede engendrar ni ser engendrado (Corán 112:1-4). Es así como, si no puede tener un hijo, importa poco si éste es el Verbo o un hombre.

Los hombres, para la mentalidad islámica, no son hijos de Dios. Son siervos. El mismo Jesús es también siervo y no hijo de Dios. Es lo que dice el Corán (3:59), en donde se iguala ontológicamente a Adán y a Jesús, ambos creados por Dios a partir del barro. Esto implica que la relación con Dios en el islam es completamente diferente. No se basa en último término en una relación de filiación. Por lo tanto, ¿por qué crea Dios al ser humano en el islam? Ya de entrada podemos señalar que no es por amor. En todo caso, no hay una causa clara. Es patente que Dios nos ha creado, pero, en ningún caso, se dice por qué.

Por su parte, en la mentalidad coránica, la debilidad natural de Adán partiría de cómo Dios lo crea y su desnudez estaría expresando su propia vulnerabilidad. A partir de ahí aparece un ser humano que se caracteriza por ser discutidor, porfiador, rebelde, voluble, con inclinación a caer, injusto, desagradecido con Dios. Ésta es una síntesis de todas las contradicciones humanas que forman parte de la antropología coránica. A este respecto, para entender el estado de desnudez del ser humano, sirve de forma ilustrativa la siguiente sura: "Hemos creado al hombre dándole la mejor complexión. Luego, hemos hecho de él el más abyecto, excepto quienes crean y obren bien que recibirán una recompensa ininterrumpida" (Corán 95:4-6). Así pues, el modo de compensar eso que hay en el hombre de mal se subsana creyendo o cumpliendo con los preceptos del Corán. En eso consistiría servir a Dios y creer en Él.

5. ¿Qué consecuencias tendría la expulsión ("la pérdida de la vestidura original") de Adán y Eva en el paraíso en la escritura del Corán?

Principalmente el estado de desconsuelo y, en cierto modo, de desorientación en el que cae el hombre. Téngase en cuenta lo siguiente para comprender esta cuestión: mientras que en el Génesis es Adán el que da el nombre a las cosas y el que lleva la iniciativa del conocimiento, en el Corán no. El Corán dice que es Dios el que le da el conocimiento al hombre al revelarle el nombre de todas las cosas (Corán 2:31). Como conclusión, el hombre no es capaz de alcanzar todo aquello que no recibe de Dios. Hay una frase que se repite varias veces en el Corán: "Si Dios hubiera querido..." (entre otros pasajes: Corán 6:112; 6:148-149; 16:9 y 16:35) que muestra cómo Dios incluso deja al hombre obrar mal porque Él lo quiere. De este modo, el hombre no es libre ni siquiera para hacer el mal o desobedecer a Dios.

Por eso, creo que el rasgo más típico de las consecuencias de la caída o la expulsión del paraíso en el hombre sería el estado de desconsuelo y desorientación, anteriormente mencionado, en el que se encuentra el hombre y por el cual necesita una guía y una orientación para volver, tanto a llegar a Dios, como a poder superar todo el dolor que le producen las penurias terrenales físicas y morales.

6. ¿Cuál es el dinamismo por el cual el ser humano puede llegar a recuperar su estado original en el Corán?

Ese dinamismo no es otro que aceptar el mensaje transmitido por el profeta Mahoma, es decir, lo que está consignado por el Corán y cumplirlo. Pero ¿cómo se cumple? A este respecto hay que tener en cuenta que en el Corán hay unos mandamientos o prescripciones muy claros, pero luego hay muchas excepciones o situaciones que adolecen de esa claridad. De ahí que se desarrolle todo el corpus jurídico relativo a la *sharia* (شريعة.). *Sharia* deriva de un verbo que significa "mostrar el camino" y *sharia* es el camino mostrado, puesto que gramaticalmente es un adjetivo pasivo, la vía, el lugar por dónde ir. La *sharia* es el camino por el que tiene que ir el hombre para poder llegar hasta Dios y el paraíso.

Del paraíso, más allá de todas las interpretaciones discutibles acerca de las huríes (vírgenes), se dice lo siguiente en esta sura: "Dijimos: Adán, éste es un enemigo para ti y tu esposa. Que no os expulse del jardín. Si no, serás desgraciado. En él [el jardín], no debes sufrir ni hambre ni desnudez ni ardor del sol" (Corán 20:117-118). En el fondo, ese paraíso consistiría en superar todas las penurias terrenales. A este respecto, el Corán habla también de resurrección de los muertos, pero se trataría de una simple *krasis* o revivificación del cuerpo (Corán 17:49-51). No se trataría de una carne gloriosa ni tampoco de una deificación. A ello hay que añadir que en el islam estas ideas están muy poco desarrolladas teológicamente y, a veces, son confusas y contradictorias entre sí. Se tratarían más bien de ideas de origen popular antes que de algo establecido o reflexionado por la teología.

En este sentido, el tema principal de la teología musulmana es defender y demostrar la unicidad divina. El resto de los aspectos no les resultan relevantes. Puedes encontrarte con autores musulmanes que digan una idea con respecto a ellos, otros que dicen una idea diferente. Luego se pueden constatar en esos mismos autores influencias de ideas platónicas, neoplatónicas, gnósticas, etc. Como tampoco existe una figura semejante a la del Magisterio de la Iglesia o con la autoridad de que está investido el papa en el cristianismo, no hay una teología definida y tampoco una escatología uniforme.

Por otro lado, es relevante reseñar la idea de que en el Corán se habla de una primera y de una segunda creación (véase la sura anteriormente citada, 17:49-51). Nótese que la segunda creación a veces se relaciona con el momento en el que el feto en el seno materno adquiere características humanas (ojos, nariz, manos, etc.) (Corán 39:6). La primera creación sería el embrión. A ello se añade el hecho de que el Corán señala que Dios puede crear las veces que quiera y que si creó una vez, puede crear más veces. Pero en esta recreación no habría un sentido de renovación del cosmos ni nada parecido. En todo caso, Dios puede intervenir como Creador en cualquier momento (Corán 10:34).

Por su parte, la intervención de Dios en el Corán puede obedecer a una causa, pero puede ser también arbitraria, porque la soberanía de Dios es tan absoluta que Él puede intervenir cuando Él quiera. Puede decir a una cosa que sea y es. Y puede hacer una cosa y también su contraria con los hombres, como decía antes, porque puede hacer que crean o que no crean, decide lo que Él quiere y lo hace.

De hecho, uno de los mayores problemas que ha tenido que resolver la teología islámica en la interpretación del Corán es el siguiente: ¿qué hacer con las suras que se contradicen entre sí? A partir de este problema, desarrollaron toda una técnica del abrogante y del abrogado que funcionaba de la siguiente manera: la sura más posterior invalidaba la anterior. También han llevado a cabo la implementación de interpretaciones unívocas y equívocas. Por ejemplo, el Corán dice que Dios es uno y que no se puede decir que Dios sea tres. Pero luego en el relato de la expulsión, que antes hemos mencionado, Dios habla en plural. ¿Cómo explican los comentaristas del Corán ese plural? Diciendo que hay versículos unívocos, los que hablan de que Dios es uno, y hay otros versículos ambiguos. Los ambiguos tienen que interpretarse en virtud de los unívocos. Igualmente, los antropomorfismos con los que se describe a Dios en el Corán resultan metáforas, puesto que a Dios no le corresponde tener rasgos humanos.

7. ¿Cuál sería la relación de Dios con el mal en el Corán?

En la respuesta a esta cuestión, debemos atender a las perspectivas de las diferentes escuelas, asumiendo la idea, transmitida por el Corán, de que Dios ha creado a un ser abyecto. Esto es, que lo ha creado capaz de obrar mal. En este sentido, Dios tendría relación con el mal y sería capaz de crear el mal en el hombre.

A este respecto, hay escuelas que entienden que la soberanía absoluta de Dios no puede dejar que las decisiones del hombre queden fuera de la soberanía divina. Porque si no, ya no sería todopoderoso. Y hay otras escuelas que ven el origen del mal en las consecuencias de la acción del hombre y del demonio. En el demonio (*íblis*, إبليس) sí que cree el islam. Y el Corán narra que su desobediencia consistió en negarse a postrarse ante Adán, un ser de barro y arcilla y, por tanto, inferior a él hecho de fuego (véase Corán 7:11-18).

Desde sus orígenes el islam se ha planteado esta cuestión del mal y su relación con el libre albedrío humano frente a la predestinación que supone que Dios haga que el hombre obre el mal. Hubo escuelas que negaron el libre albedrío y consideraron incluso la autoridad de los califas reinantes como expresión de la voluntad divina. Todo lo que sucede (los actos humanos y todo lo demás) es creado directamente por el decreto del Todopoderoso.

8. ¿Qué aspectos antropológicos se revelan como novedosos en el Adán coránico con respecto a la revelación cristiana de la Biblia?

De entrada, he de decir que no veo novedad en la antropología islámica. En el Corán no se plantea nada nuevo que no hubiera sido aportado por el judaísmo o el cristianismo, por ejemplo. Lo que sí se pueden llegar a constatar son diferencias fundamentales para entender lo que es el hombre. En suma, el cristianismo y el islam se distinguen en sus antropologías respectivas.

La primera diferencia reseñable es que el hombre no es imagen de Dios y, sobre todo, que no es la criatura predilecta de Dios. Es, más bien, un siervo de Dios y una criatura más de la creación. Esta característica de no ser imagen de Dios cercena sus propias aspiraciones, dado que nunca puede llegar a una plenitud completa. Además, como tampoco es hijo de Dios, su relación tampoco es paterno-filial. Es verdad que en el islam Dios es misericordioso y compasivo, porque igual que puede ser vengativo, puede ser compasivo, dado que en Dios existe todo. No obstante, es misericordioso y compasivo con el hombre no precisamente porque tenga una relación personal con él, sino porque la misericordia es un atributo divino. Pero, en su omnipotencia, Dios puede perdonar o no perdonar al hombre.

Por otro lado, como te decía anteriormente, el hombre en el islam no necesita ser salvado. El hombre para lo que necesita a Dios es para no perderse y obtener así un juicio justo y positivo que lo devuelva al paraíso. Pero de la búsqueda de ese juicio justo no se deduce que vaya a obtener una semejanza con Dios.

También es necesario reseñar como una consideración antropológica relevante la minusvaloración o cercenamiento de la propia libertad humana y de la capacidad de decisión como aparece en las suras citadas anteriormente (6:112; 6:148-149; 16:9; y 16:35; entre otras), y que se puede constatar ya en la propia realidad política del mundo islámico.

En cuanto a la realidad de la mujer, no hay duda de que la predicación de Mahoma o el mensaje del Corán supusieron un ascenso social para la mujer en una sociedad de corte tribal, en la que la mujer no contaba con ningún tipo de protección. Por ejemplo, los matrimonios sucesivos del propio profeta constituían, unas veces, una forma de alianza tribal y, otras veces, un modo de asumir la protección de las mujeres de sus compañeros de guerra que perecían en las luchas. De otro modo, éstas hubieran quedado desamparados sin aquel código legislativo, auspiciado por el Profeta, que daba algo de protección a la mujer.

Ahora bien, es verdad que el estatus de la mujer es inferior al del hombre en el islam. Ya sólo la existencia de la poligamia y su reconocimiento legal remarca esta inferioridad. Actualmente un musulmán puede tener varias mujeres, aquéllas que quiera y que pueda mantener, aunque generalmente el número oscile en torno a cuatro. Por otra parte, jurídicamente, en el islam el que tiene capacidad de decidir como testigo de un juicio es el hombre y no la mujer. La mujer debe estar bajo la tutoría del del hermano o un pariente masculino, en el caso en que falte el padre. Y todo ello deriva en las leyes que va generando la sharia, en la que se basan esos principios jurídicos presentes incluso en las constituciones de muchos países islámicos y que en muchos casos entran en conflicto con nuestra propia concepción del estatuto civil basado en la igualdad entre el hombre y la mujer.

En todo caso, la mujer es igual al hombre en lo que se refiere a su condición de creyente o musulmana, es decir, Dios tiene la misma relación con el hombre que con la mujer (Corán 16:97 y 33:35), lo que no quiere decir que socialmente la mujer esté al mismo nivel que el varón.

De hecho, en el mundo islámico el matrimonio constituye un mero contrato, cuya única finalidad es tener descendientes que sean siervos de Alá. A este respecto debe tenerse en cuenta que para el islam la condición natural del hombre es ser musulmán. En todo caso, no existe la concepción sacramental del matrimonio como una comunidad de amor. Esto no quiere decir que no se pueda llegar a alcanzar, en casos concretos, esa clase de realización del amor con base en la propia configuración antropológica del ser humano. Pero en el islam, como ya hemos señalado, el matrimonio es un mero contrato. Por dicho contrato, el hombre accede a tener intercambio o relación sexual con una mujer determinada. Tras ello, late una concepción muy tribal del matrimonio. La comparación coránica (2:223) de la esposa con un campo labrado es una metáfora muy semítica para expresar la fertilidad femenina que también aparece, por ejemplo, en la literatura siríaca. El seno es el campo donde germina la semilla. Las esposas, además, son un don de Dios para el esposo (Corán 30:21 y 42:11). Sin embargo, todo ello no se traduce en una situación de igualdad entre el hombre y la mujer ni social ni matrimonialmente.

Mención aparte merece la cuestión del velo. El Corán dice a este respecto que las mujeres del profeta y sus allegados deben ir cubiertas de la cabeza a los pies. Señala además que tienen el deber de cubrir sus partes íntimas (33:59 y 24:31). A esta prescripción se añaden las costumbres étnicas y el hecho de que el velo tendría como función protegerse del ardor del sol y de la arena del desierto. Todo ello hace que en la *sharia* se prescriba que las mujeres vayan con la cabeza cubierta.

También es cierto que el islam copia prácticamente todo de su entorno. Entre los bizantinos, por ejemplo, el velo era el signo propio de la mujer libre, porque significaba que era una mujer casada. En este sentido, el estado ideal del hombre musulmán es el de estar casado. El celibato no existe. Ello hacía que en aquel tiempo tuviera una importancia social y un significado positivo el llevar velo, aunque ahora la situación se vea de otra manera.

Apéndice

Los textos recogidos a continuación favorecen el seguimiento y la comprensión de la entrevista realizada a la doctora Pilar González Casado acerca de la antropología presente en el Adán coránico, tanto prelapsario como postlapsario.[1]

I. La estancia de Adán en el Jardín y su caída

Corán 7:19-27

19. "¡Adán! ¡Habita con tu esposa en el Jardín y comed de lo que queráis, pero no os acerquéis a este árbol! Si no, seréis de los impíos". 20. Pero el Demonio les insinuó el mal, mostrándoles su escondida desnudez, y dijo: "Vuestro Señor no os ha prohibido acercaros a este árbol sino por temor de que os convirtáis en ángeles u os hagáis inmortales". 21. Y les juró: "¡De veras, os aconsejo bien!" 22. Les hizo, pues, caer dolosamente. Y cuando hubieron gustado ambos del árbol, se les reveló su desnudez y comenzaron a cubrirse con hojas del Jardín. Su Señor los llamó: "¿No os había prohibido ese árbol y dicho que el Demonio era para vosotros un enemigo declarado?" 23. Dijeron: "¡Señor! Hemos sido injustos con nosotros mismos. Si no nos perdonas y Te apiadas de nosotros, seremos, ciertamente, de los que pierden". 24. Dijo: "¡Descended! Seréis enemigos unos de otros. La tierra será por algún tiempo vuestra morada y lugar de disfrute". 25. Dijo: "En ella viviréis, en ella moriréis y de ella se os sacará". 26. ¡Hijos de Adán! Hemos hecho bajar para vosotros una vestidura para cubrir vuestra desnudez y para ornato. Pero la vestidura del temor de Dios, ésa es mejor. Ése es uno de los signos de Dios. Quizás, así, se dejen amonestar. 27. ¡Hijos de Adán! Que el Demonio no os tiente, como cuando sacó a vuestros padres del Jardín, despojándolos de su vestidura para mostrarles su desnudez. Él y su hueste os ven desde donde vosotros no le veis. A los que no creen les hemos dado los demonios como amigos.

يَا أَدَمُ اسْكُنْ أَنْتَ وَزَوْجُكَ الْجَنَّةَ فَكُلَا مِنْ حَيْثُ شِئْتُمَا وَلَا تَقْرَبَا هَذِهِ الشَّجَرَةَ فَتَكُونَا مِنَ الظَّالِمِينَ ١٩ فَوَسْوَسَ لَهُمَا الشَّيْطَانُ لِيُبْدِيَ لَهُمَا مَا وُرِيَ عَنْهُمَا مِنْ سَوْأَتِهِمَا وَقَالَ مَا نَهَاكُمَا رَبُّكُمَا عَنْ هَذِهِ الشَّجَرَةِ إِلَّا أَنْ تَكُونَا مَلَكَيْنِ أَوْ تَكُونَا مِنَ الْخَالِدِينَ ٢٠ وَقَاسَمَهُمَا إِنِّي لَكُمَا لَمِنَ النَّاصِحِينَ ٢١ فَدَلَّاهُمَا بِغُرُورٍ فَلَمَّا ذَاقَا الشَّجَرَةَ بَدَتْ لَهُمَا سَوْأَتُهُمَا وَطَفِقَا يَخْصِفَانِ عَلَيْهِمَا مِن وَرَقِ الْجَنَّةِ وَنَادَاهُمَا رَبُّهُمَا أَلَمْ أَنْهَكُمَا عَن تِلْكُمَا الشَّجَرَةِ وَأَقُل لَّكُمَا إِنَّ الشَّيْطَانَ لَكُمَا عَدُوٌّ مُبِينٌ ٢٢ قَالَا رَبَّنَا ظَلَمْنَا أَنْفُسَنَا وَإِن لَّمْ تَغْفِرْ لَنَا وَتَرْحَمْنَا لَنَكُونَنَّ مِنَ الْخَاسِرِينَ ٢٣ قَالَ اهْبِطُوا بَعْضُكُمْ لِبَعْضٍ عَدُوٌّ وَلَكُمْ فِي الْأَرْضِ مُسْتَقَرٌّ وَمَتَاعٌ إِلَى حِينٍ ٢٤ قَالَ فِيهَا تَحْيَوْنَ وَفِيهَا تَمُوتُونَ وَمِنْهَا تُخْرَجُونَ ٢٥ يَا بَنِي آدَمَ قَدْ أَنْزَلْنَا عَلَيْكُمْ لِبَاسًا يُوَارِي سَوْآتِكُمْ وَرِيشًا وَلِبَاسُ التَّقْوَى ذَلِكَ خَيْرٌ ذَلِكَ مِنْ أيَاتِ اللهِ لَعَلَّهُمْ يَذَّكَّرُونَ ٢٦ يَا بَنِي آدَمَ لَا يَفْتِنَنَّكُمُ الشَّيْطَانُ كَمَا أَخْرَجَ أَبَوَيْكُمْ مِنَ الْجَنَّةِ يَنْزِعُ عَنْهُمَا لِبَاسَهُمَا لِيُرِيَهُمَا سَوْءَاتِهِمَا إِنَّهُ يَرَاكُمْ هُوَ وَقَبِيلُهُ مِنْ حَيْثُ لَا تَرَوْنَهُمْ إِنَّا جَعَلْنَا الشَّيَاطِينَ أَوْلِيَاءَ لِلَّذِينَ لَا يُؤْمِنُونَ ٢٧

Corán 20:117-122

117. Dijimos: "¡Adán! Éste es un enemigo para ti y para tu esposa. ¡Que no os expulse del Jardín; si no, serás desgraciado! 118. En él no debes sufrir hambre, ni desnudez, 119. ni sed, ni ardor del sol". 120. Pero el Demonio le insinuó el mal. Dijo: "¡Adán! ¿Te indico el árbol de la inmortalidad y de un dominio imperecedero?" 121. Comieron de él, se les reveló su desnudez y comenzaron a cubrirse con hojas del Jardín. Adán desobedeció a su Señor y se descarrió. 122. Luego, su Señor lo escogió, lo perdonó y lo puso en la buena dirección.

فَقُلْنَا يَا أَدَمُ إِنَّ هَذَا عَدُوٌّ لَّكَ وَلِزَوْجِكَ فَلَا يُخْرِجَنَّكُمَا مِنَ الْجَنَّةِ فَتَشْقَى ١١٧ إِنَّ لَكَ أَلَّا تَجُوعَ فِيهَا وَلَا تَعْرَى ١١٨ وَأَنَّكَ لَا تَظْمَأُ فِيهَا وَلَا تَضْحَى ١١٩ فَوَسْوَسَ إِلَيْهِ الشَّيْطَانُ قَالَ يَا أَدَمُ هَلْ أَدُلُّكَ عَلَى شَجَرَةِ الْخُلْدِ وَمُلْكٍ لَّا يَبْلَى ١٢٠ فَأَكَلَا مِنْهَا فَبَدَتْ لَهُمَا سَوْآتُهُمَا وَطَفِقَا يَخْصِفَانِ عَلَيْهِمَا مِن وَرَقِ الْجَنَّةِ وَعَصَى أَدَمُ رَبَّهُ فَغَوَى ١٢١ ثُمَّ اجْتَبَاهُ رَبُّهُ فَتَابَ عَلَيْهِ وَهَدَى ١٢٢

II. La creación del hombre

Corán 7:11

Y os creamos. Luego, os formamos.

وَلَقَدْ خَلَقْنَاكُمْ ثُمَّ صَوَّرْنَاكُمْ

Corán 3:59

(تراب turāb, "tierra" o "polvo"). 59. Para Dios, Jesús es semejante a Adán, a quien creó de tierra y a quien dijo: "¡Sé!" y fue.

إِنَّ مَثَلَ عِيسَى عِنْدَ اللهِ كَمَثَلِ آدَمَ خَلَقَهُ مِنْ تُرَابٍ

III. La materia con la que Dios creó al hombre

Corán 7:12

(طي *tīn*, "barro"). 12. Dijo: "¿Qué es lo que te ha impedido prosternarte cuando Yo te lo he ordenado?" Dijo: "Es que soy mejor que él. A mí me creaste de fuego, mientras que a él lo creaste de arcilla".

قَالَ أَنَا خَيْرٌ مِنْهُ خَلَقْتَنِي مِنْ نَارٍ وَخَلَقْتَهُ مِنْ طِينٍ

Corán 37:11

(طين لازب *tīn* lāzib, "barro pegajoso" o "lodo"). 11. Pregúntales si crearlos a ellos ha resultado más difícil para Nosotros que crear a los otros. Los hemos creado de arcilla pegajosa.

إِنَّا خَلَقْنَاهُمْ مِنْ طِينٍ لَازِبٍ

Corán 15:26-29

26. Hemos creado al hombre de barro arcilloso, maleable, 27. mientras que a los genios los habíamos creado antes de fuego de viento abrasador. 28. Y cuando tu Señor dijo a los ángeles: "Voy a crear a un mortal de barro arcilloso, maleable, 29. y, cuando lo haya formado armoniosamente e infundido en él de Mi Espíritu, caed prosternados ante él".

وَلَقَدْ خَلَقْنَا الْإِنسَنَ مِن صَلْصَلٍ مِّنْ حَمَإٍ مَّسْنُونٍ وَالْجَانَّ خَلَقْنَهُ مِن قَبْلُ مِن نَّارِ السَّمُومِ وَإِذْ قَالَ رَبُّكَ لِلْمَلَئِكَةِ إِنِّي خَلِقٌ بَشَرًا مِّن صَلْصَلٍ مِّنْ حَمَإٍ مَّسْنُونٍ فَإِذَا سَوَّيْتُهُ وَنَفَخْتُ فِيهِ مِن رُّوحِى فَقَعُوا لَهُ سَجِدِينَ

IV. Dios creó al hombre con sus manos

Corán 38:75

Dijo: "¡Iblís! ¿Qué es lo que te ha impedido prosternarte ante lo que con Mis manos he creado?

قال يا إبليس ما منعك أن تسجد لما خلقت بيدي أستكبرت أم كنت من العالين

V. Eva (no nombrada)

Corán 4:1

1. ¡Hombres! ¡Temed a vuestro Señor, que os ha creado de una sola persona, de la que ha creado a su cónyuge, y de los que ha diseminado un gran número de hombres y de mujeres! ¡Temed a Dios, en Cuyo nombre os pedís cosas, y respetad la consanguinidad! Dios siempre os observa.

يَـٰٓأَيُّهَا ٱلنَّاسُ ٱتَّقُواْ رَبَّكُمُ ٱلَّذِى خَلَقَكُم مِّن نَّفْسٍ وَٰحِدَةٍ وَخَلَقَ مِنْهَا زَوْجَهَا وَبَثَّ مِنْهُمَا رِجَالًا كَثِيرًا وَنِسَآءً وَٱتَّقُواْ ٱللَّهَ ٱلَّذِى تَسَآءَلُونَ بِهِ وَٱلْأَرْحَامَ إِنَّ ٱللَّهَ كَانَ عَلَيْكُمْ رَقِيبًا

Corán 39:6

6. Os ha creado de una sola persona, de la que ha sacado a su cónyuge. Os ha dado, de los rebaños, cuatro parejas. Os ha creado en el seno de vuestras madres, creación tras creación, en triple oscuridad. Tal es Dios, vuestro Señor. Suyo es el dominio. No hay más dios que Él. ¡Cómo, podéis pues, ser tan desviados!

خَلَقَكُم مِّن نَّفْسٍ وَٰحِدَةٍ ثُمَّ جَعَلَ مِنْهَا زَوْجَهَا وَأَنزَلَ لَكُم مِّنَ ٱلْأَنْعَـٰمِ ثَمَـٰنِيَةَ أَزْوَٰجٍ يَخْلُقُكُمْ فِى بُطُونِ أُمَّهَـٰتِكُم خَلْقًا مِّنۢ بَعْدِ خَلْقٍ فِى ظُلُمَـٰتٍ ثَلَـٰثٍ ذَٰلِكُمُ ٱللَّهُ رَبُّكُمْ لَهُ ٱلْمُلْكُ لَا إِلَـٰهَ إِلَّا هُوَ فَأَنَّىٰ تُصْرَفُونَ

VI. El hombre es "siervo" de Dios

Corán 42:19

19. Dios es bondadoso con Sus siervos. Provee las necesidades de quien Él quiere. Él es el Fuerte, el Poderoso.

ٱللَّهُ لَطِيفٌ بِعِبَادِهِ يَرْزُقُ مَن يَشَآءُ وَهُوَ ٱلْقَوِىُّ ٱلْعَزِيزُ

Corán 42:25

25. Él es Quien acepta el arrepentimiento de sus siervos y perdona las malas acciones. Y sabe lo que hacéis.

وَهُوَ ٱلَّذِى يَقْبَلُ ٱلتَّوْبَةَ عَنْ عِبَادِهِ وَيَعْفُواْ عَنِ ٱلسَّيِّئَاتِ وَيَعْلَمُ مَا تَفْعَلُونَ

Corán 42:52

52. Así es como te hemos inspirado un Espíritu que procede de Nuestra orden. Tú no sabías lo que eran la Escritura y la Fe, pero hemos hecho de él luz con la que

guiamos a quienes queremos de Nuestros siervos. Ciertamente, tú guías a los hombres a una vía recta.

وَكَذَٰلِكَ أَوْحَيْنَآ إِلَيْكَ رُوحًا مِّنْ أَمْرِنَا ۚ مَا كُنتَ تَدْرِى مَا ٱلْكِتَٰبُ وَلَا ٱلْإِيمَٰنُ وَلَٰكِن جَعَلْنَٰهُ نُورًا نَّهْدِى بِهِۦ مَن نَّشَآءُ مِنْ عِبَادِنَا ۚ وَإِنَّكَ لَتَهْدِىٓ إِلَىٰ صِرَٰطٍ مُّسْتَقِيمٍ

VII. El hombre es vicario de Dios en la tierra [T3]

Corán 2:30-31

30. Y cuando tu Señor dijo a los ángeles: "Voy a poner un sucesor en la tierra". Dijeron: "¿Vas a poner en ella a quien corrompa en ella y derrame sangre, siendo así que nosotros celebramos Tu alabanza y proclamamos Tu santidad?". Dijo: "Yo sé lo que vosotros no sabéis". 31. Enseñó a Adán los nombres de todos los seres y presentó éstos a los ángeles diciendo: "Informadme de los nombres de éstos, si es verdad lo que decís".

وَإِذْ قَالَ رَبُّكَ لِلْمَلَٰٓئِكَةِ إِنِّى جَاعِلٌ فِى ٱلْأَرْضِ خَلِيفَةً ۖ قَالُوٓا۟ أَتَجْعَلُ فِيهَا مَن يُفْسِدُ فِيهَا وَيَسْفِكُ ٱلدِّمَآءَ وَنَحْنُ نُسَبِّحُ بِحَمْدِكَ وَنُقَدِّسُ لَكَ ۖ قَالَ إِنِّىٓ أَعْلَمُ مَا لَا تَعْلَمُونَ

وَعَلَّمَ ءَادَمَ ٱلْأَسْمَآءَ كُلَّهَا ثُمَّ عَرَضَهُمْ عَلَى ٱلْمَلَٰٓئِكَةِ فَقَالَ أَنۢبِـُٔونِى بِأَسْمَآءِ هَٰٓؤُلَآءِ إِن كُنتُمْ صَٰدِقِينَ

Antropología

I. La contradicción propia del hombre

Corán 94:5

¡La adversidad y la felicidad van a una!

فَإِنَّ مَعَ ٱلْعُسْرِ يُسْرًا

Corán 95:4-6

4. Hemos creado al hombre dándole la mejor complexión. 5. Luego, hemos hecho de él el más abyecto. 6. Excepto quienes crean y obren bien, que recibirán una recompensa ininterrumpida.

لَقَدْ خَلَقْنَا ٱلْإِنسَٰنَ فِى أَحْسَنِ تَقْوِيمٍ

ثُمَّ رَدَدْنَٰهُ أَسْفَلَ سَٰفِلِينَ

II. El hombre es débil por naturaleza

Corán 4:28

Dios quiere aliviaros, ya que el hombre es débil por naturaleza.

يريد الله أن يخفف عنكم وخلق الإنسان ضعيفا

Corán 17:11

(عجو *'aŷūl*, "con inclinación a caer"). 11. El hombre invoca el mal con la misma facilidad con que invoca el bien: el hombre es muy precipitado...

وَيَدْعُ ٱلْإِنسَٰنُ بِٱلشَّرِّ دُعَآءَهُۥ بِٱلْخَيْرِ وَكَانَ ٱلْإِنسَٰنُ عَجُولًا

Corán 14:34

(ظلوم *talūm*, "injusto"). 34. Os ha dado de todo lo que Le habéis pedido. Si os pusierais a contar las gracias de Dios, no podríais enumerarlas. El hombre es, ciertamente, muy impío, muy desagradecido.

وَءَاتَىٰكُم مِّن كُلِّ مَا سَأَلْتُمُوهُ وَإِن تَعُدُّواْ نِعْمَتَ ٱللَّهِ لَا تُحْصُوهَآ إِنَّ ٱلْإِنسَٰنَ لَظَلُومٌ كَفَّارٌ

III. Dios no puede engendrar ni ser engendrado

Corán 112:1-4

1. Di: "¡Él es Dios, Uno, 2. Dios, el Eterno. 3. No ha engendrado, ni ha sido engendrado. 4. No tiene par".

قُلْ هُوَ ٱللَّهُ أَحَدٌ

ٱللَّهُ ٱلصَّمَدُ

لَمْ يَلِدْ وَلَمْ يُولَدْ

وَلَمْ يَكُن لَّهُۥ كُفُوًا أَحَدٌ

IV. Jesús es siervo y no es hijo de Dios

Corán 3:59

Para Dios, Jesús es semejante a Adán, a quien creó de tierra y a quien dijo: "¡Sé!"
y fue.

إِنَّ مَثَلَ عِيسَىٰ عِندَ ٱللَّهِ كَمَثَلِ ءَادَمَ خَلَقَهُۥ مِن تُرَابٍ ثُمَّ قَالَ لَهُۥ كُن فَيَكُونُ

Corán 43:57-59

57. Y cuando el hijo de María es puesto como ejemplo, he aquí que tu pueblo se
aparta de él. 58. Y dicen: ¿Son mejores nuestros dioses o él? Si te lo ponen, no
es sino por afán de discutir. Son, en efecto, gente contenciosa. 59. Él no es sino
un siervo a quien hemos agraciado y a quien hemos puesto como ejemplo a los
Hijos de Israel.

وَلَمَّا ضُرِبَ ٱبْنُ مَرْيَمَ مَثَلًا إِذَا قَوْمُكَ مِنْهُ يَصِدُّونَ

وَقَالُوٓاْ ءَأَٰلِهَتُنَا خَيْرٌ أَمْ هُوَ مَا ضَرَبُوهُ لَكَ إِلَّا جَدَلًا بَلْ هُمْ قَوْمٌ خَصِمُونَ

إِنْ هُوَ إِلَّا عَبْدٌ أَنْعَمْنَا عَلَيْهِ وَجَعَلْنَٰهُ مَثَلًا لِّبَنِىٓ إِسْرَٰٓءِيلَ

V. Dios da el nombre de las cosas a Adán

Corán 2:31

Véase el apartado anterior, sección VII.

VI. Dios puede crear las veces que quiera

Corán 10:34

34. Di: "¿Hay alguno de vuestros asociados que inicie la creación y luego la repi-
ta?" Di: "Dios inicia la creación y luego la repite. ¡Cómo podéis, pues, ser tan
desviados!"

قُلْ هَلْ مِن شُرَكَآئِكُم مَّن يَبْدَؤُاْ ٱلْخَلْقَ ثُمَّ يُعِيدُهُۥ قُلِ ٱللَّهُ يَبْدَؤُاْ ٱلْخَلْقَ ثُمَّ يُعِيدُهُۥ فَأَنَّىٰ تُؤْفَكُونَ

VII. Dios crea el Corán como guía

Corán 6:157

157. O que dijerais: "Si se nos hubiera revelado la Escritura, habríamos sido mejor dirigidos que ellos". Pues ya ha venido a vosotros de vuestro Señor una prueba clara, dirección y misericordia. Y ¿hay alguien más impío que quien desmiente los signos de Dios y se aparta de ellos? Retribuiremos con un mal castigo a quienes se aparten de Nuestros mensajes, por haberse apartado.

أَوْ تَقُولُوٓاْ لَوْ أَنَّآ أُنزِلَ عَلَيْنَا ٱلْكِتَٰبُ لَكُنَّآ أَهْدَىٰ مِنْهُمْۚ فَقَدْ جَآءَكُم بَيِّنَةٌ مِّن رَّبِّكُمْ وَهُدًى وَرَحْمَةٌۚ فَمَنْ أَظْلَمُ مِمَّن كَذَّبَ بِـَٔايَٰتِ ٱللَّهِ وَصَدَفَ عَنْهَاۗ سَنَجْزِى ٱلَّذِينَ يَصْدِفُونَ عَنْ ءَايَٰتِنَا سُوٓءَ ٱلْعَذَابِ بِمَا كَانُواْ يَصْدِفُونَ

VIII. La nueva creación

Corán 17:49-51

49. Dicen: "Cuando seamos huesos y polvo, ¿es verdad que se nos resucitará a una nueva Creación [خلقا جديدا]?" 50. Di: "Aunque seáis piedra, hierro 51. o cualquier sustancia que imaginéis difícil...". Dirán: "¿Y quién nos volverá!" Di: "Quien os creó una vez primera". Y, sacudiendo la cabeza hacia ti, dirán: "¿Cuándo?" Di: "Tal vez pronto".

وَقَالُوٓاْ أَءِذَا كُنَّا عِظَٰمًا وَرُفَٰتًا أَءِنَّا لَمَبْعُوثُونَ خَلْقًا جَدِيدًا
قُلْ كُونُواْ حِجَارَةً أَوْ حَدِيدًا
أَوْ خَلْقًا مِّمَّا يَكْبُرُ فِى صُدُورِكُمْۚ فَسَيَقُولُونَ مَن يُعِيدُنَاۖ قُلِ ٱلَّذِى فَطَرَكُمْ أَوَّلَ مَرَّةٍۚ فَسَيُنْغِضُونَ إِلَيْكَ رُءُوسَهُمْ وَيَقُولُونَ مَتَىٰ هُوَۖ قُلْ عَسَىٰٓ أَن يَكُونَ قَرِيبًا

IX. Dios hace siempre lo que él quiere con los hombres

Corán 6:112

[...] Si tu Señor lo hubiera querido, no lo habrían hecho [...]

وَلَوْ شَآءَ رَبُّكَ مَا فَعَلُوهُ

Corán 6:148-149

Pronto los que asocian dirán: "Si Dios hubiera querido, no habríamos asociado nada, y tampoco nuestros antepasados; ni habríamos declarado ilícito nada".

Di: "Dios posee el argumento decisivo". Si quisiera os conduciría a todos.

سَيَقُولُ ٱلَّذِينَ أَشْرَكُوا۟ لَوْ شَآءَ ٱللَّهُ مَآ أَشْرَكْنَا وَلَآ ءَابَآؤُنَا وَلَا حَرَّمْنَا مِن شَىْءٍ۬ۚ كَذَٰلِكَ كَذَّبَ ٱلَّذِينَ مِن قَبْلِهِمْ حَتَّىٰ ذَاقُوا۟ بَأْسَنَا۟ قُلْ هَلْ عِندَكُم مِّنْ عِلْمٍ فَتُخْرِجُوهُ لَنَآ۟ إِن تَتَّبِعُونَ إِلَّا ٱلظَّنَّ وَإِنْ أَنتُمْ إِلَّا تَخْرُصُونَ ١٤٨ قُلْ فَلِلَّهِ ٱلْحُجَّةُ ٱلْبَٰلِغَةُ۟ فَلَوْ شَآءَ لَهَدَىٰكُمْ أَجْمَعِينَ ١٤٩

Corán 16:9

Conduciros por el camino recto es prerrogativa de Dios, porque otros [caminos] se alejan. Si hubiera querido, os habría conducido a todos.

وَعَلَى ٱللَّهِ قَصْدُ ٱلسَّبِيلِ وَمِنْهَا جَآئِرٌ۬ۚ وَلَوْ شَآءَ لَهَدَىٰكُمْ أَجْمَعِينَ

Corán 16:35

Dicen los que asocian: "Si Dios hubiera querido, no habríamos adorado nada fuera de Él, ni nosotros ni nuestros antepasados, y no habríamos prohibido sino lo que Él nos ha prohibido".

وَقَالَ ٱلَّذِينَ أَشْرَكُوا۟ لَوْ شَآءَ ٱللَّهُ مَا عَبَدْنَا مِن دُونِهِۦ مِن شَىْءٍ۬ نَّحْنُ وَلَآ ءَابَآؤُنَا وَلَا حَرَّمْنَا مِن دُونِهِۦ مِن شَىْءٍ۬ۚ كَذَٰلِكَ فَعَلَ ٱلَّذِينَ مِن قَبْلِهِمْ۟ فَهَلْ عَلَى ٱلرُّسُلِ إِلَّا ٱلْبَلَٰغُ ٱلْمُبِينُ

X. El velo

Corán 33:59

59. ¡Profeta! Di a tus esposas, a tus hijas y a las mujeres de los creyentes que se cubran con el manto. Es lo mejor para que se las distinga y no sean molestadas. Dios es indulgente, misericordioso.

يَٰٓأَيُّهَا ٱلنَّبِىُّ قُل لِّأَزْوَٰجِكَ وَبَنَاتِكَ وَنِسَآءِ ٱلْمُؤْمِنِينَ يُدْنِينَ عَلَيْهِنَّ مِن جَلَٰبِيبِهِنَّۚ ذَٰلِكَ أَدْنَىٰٓ أَن يُعْرَفْنَ فَلَا يُؤْذَيْنَۗ وَكَانَ ٱللَّهُ غَفُورًا رَّحِيمًا

Corán 24:31

31. Y di a las creyentes que bajen la vista con recato, que sean castas y no muestren más adorno que los que están a la vista, que cubran su escote con el velo y no exhiban sus adornos sino a sus esposos, a sus padres, a sus suegros, a sus propios hijos, a sus hijastros, a sus hermanos, a sus sobrinos carnales, a sus mujeres, a sus esclavas, a sus criados varones fríos, a los niños que no saben aún de las partes femeninas. Que no batan ellas con sus pies de modo que se descubran

sus adornos ocultos. ¡Volveos todos a Dios, creyentes! Quizás, así, prosperéis.

وَقُل لِّلْمُؤْمِنَـٰتِ يَغْضُضْنَ مِنْ أَبْصَـٰرِهِنَّ وَيَحْفَظْنَ فُرُوجَهُنَّ وَلَا يُبْدِينَ زِينَتَهُنَّ إِلَّا مَا ظَهَرَ مِنْهَا وَلْيَضْرِبْنَ بِخُمُرِهِنَّ عَلَىٰ جُيُوبِهِنَّ وَلَا يُبْدِينَ زِينَتَهُنَّ إِلَّا لِبُعُولَتِهِنَّ أَوْ ءَابَآئِهِنَّ أَوْ ءَابَآءِ بُعُولَتِهِنَّ أَوْ أَبْنَآئِهِنَّ أَوْ أَبْنَآءِ بُعُولَتِهِنَّ أَوْ إِخْوَٰنِهِنَّ أَوْ بَنِىٓ إِخْوَٰنِهِنَّ أَوْ بَنِىٓ أَخَوَٰتِهِنَّ أَوْ نِسَآئِهِنَّ أَوْ مَا مَلَكَتْ أَيْمَـٰنُهُنَّ أَوِ ٱلتَّـٰبِعِينَ غَيْرِ أُو۟لِى ٱلْإِرْبَةِ مِنَ ٱلرِّجَالِ أَوِ ٱلطِّفْلِ ٱلَّذِينَ لَمْ يَظْهَرُوا۟ عَلَىٰ عَوْرَٰتِ ٱلنِّسَآءِ وَلَا يَضْرِبْنَ بِأَرْجُلِهِنَّ لِيُعْلَمَ مَا يُخْفِينَ مِن زِينَتِهِنَّ وَتُوبُوٓا۟ إِلَى ٱللَّهِ جَمِيعًا أَيُّهَ ٱلْمُؤْمِنُونَ لَعَلَّكُمْ تُفْلِحُونَ

XI. La mujer, un campo arado

Corán 2:223

Vuestras mujeres son campo labrado para vosotros. ¡Venid, pues, a vuestro campo como queráis, haciendo preceder algo para vosotros mismos! ¡Temed a Dios y sabed que Le encontraréis! ¡Y anuncia la buena nueva a los creyentes!

نِسَآؤُكُمْ حَرْثٌ لَّكُمْ فَأْتُوا۟ حَرْثَكُمْ أَنَّىٰ شِئْتُمْ وَقَدِّمُوا۟ لِأَنفُسِكُمْ وَٱتَّقُوا۟ ٱللَّهَ وَٱعْلَمُوٓا۟ أَنَّكُم مُّلَـٰقُوهُ وَبَشِّرِ ٱلْمُؤْمِنِينَ

Comentario al Génesis de san Efrén 2:25

II. 14: Después de hablar de estas cosas, dijo que ambos estaban desnudos y que no se avergonzaban (Gn 2:25). El hecho de que no se avergonzaran no era porque no supieran lo que era la vergüenza [...]. Por lo que no se avergonzaban es por la gloria que les cubría; aquélla que, cuando les fue quitada después de transgredir el mandamiento, hizo que se avergonzaran y corrieran los dos hasta las hojas para cubrir, no sus cuerpos, sino sus miembros ignominiosos.

15. Tras hablar de su desnudez, que estaba adornada con un ropaje celestial y que no era vergonzosa, volvió a escribir sobre la astucia de la serpiente diciendo [...]

22. Se abrieron sus ojos [...] para que vieran su desnudez, tal y como esperaba el enemigo.

[Abre epílogo]

Tengo la necesidad esencial —creo poder decir vocación— de transitar entre los
hombres y los diferentes ambientes humanos confundiéndome con ellos, tomando su mismo color, completamente —aun dónde la conciencia se opone— desapareciendo entre ellos, a fin de que se muestren tal como son y sin
esconderse. Deseo conocerlos para amarlos tal como son.

Simone Weil, La gravedad y la gracia (1947)

[Cierra epílogo]

Derechos de las fotografías

Fotografía de Inger Enkvist: Per A. J. Andersson (Licencia Creative Commons)
Fotografía de Daniel Lacalle: PP Comunidad de Madrid (Licencia Creative Commons)
Fotografía de Juan Eslava Galán: Canal Sur Media (Licencia Creative Commons)
Fotografía de Francesc Torralba: Hápax
Fotografía de Laura Rojas Marcos: Cortesía de Laura Rojas Marcos
Fotografía de Manuel Campo Vidal: Enrique Dans (Licencia Creative Commons)
Fotografía de Antonio Garrigues Walker: US Embassy Madrid (Licencia Creative Commons)
Fotografía de Pablo d'Ors: Fundación Cajasol, Jaime Martínez (Licencia Creative Commons)
Fotografía de Luis Sánchez Navarro: Cortesía de Luis Sánchez Navarro
Fotografía de Alfredo Cruz Prados: Cortesía de Alfredo Cruz Prados
Fotografía de Olga Belmonte García: Cortesía de Olga Belmonte García
Fotografía de Leonardo Rodríguez Duplá: Cortesía de Leonardo Rodríguez Duplá
Fotografía de Víctor Pereira Sánchez: Cortesía de Víctor Pereira Sánchez
Fotografía de Pilar González Casado: Cortesía de Pilar González Casado

Este libro se imprimió en la Ciudad de México,
el 12 de diciembre de 2023,
Solemnidad de Santa María de Guadalupe,
Reina de México y Emperatriz de América,
en Litográfica Ingramex, S. A. de C. V.
Centeno 162-1, Granjas Esmeralda, Iztapalapa,
C. P. 09810, Ciudad de México, México